ändig kreuzständig quirlständig

fiederteilig gefiedert doppelt gefiedert

Körbchen Dolde zusammengesetzte Dolde Trugdolde

üte Röhrenblüte Lippenblüte Schmetterlingsblüte

Inhalt

Joachim Oppermann

Kleiner Naturführer

Der Kinderbuchverlag Berlin

Lieber junger Leser!
Pflanzen und Tieren begegnest du nicht nur beim Ausflug in den Wald, im Ferienlager oder im Urlaub mit deinen Eltern, sondern auch in deiner nächsten Umgebung, im Garten, selbst inmitten der Stadt. Möchtest du den Namen einer Pflanze oder eines Tieres und noch etwas mehr darüber erfahren, so wird dir dieses Buch dabei eine Hilfe sein. Mit ihm kann man rund 400 Tier- und 500 Pflanzenarten, die in Mitteleuropa zwischen Meeresstrand und Hochgebirge vorkommen, einfach nach ihren Abbildungen bestimmen. Das sind zwar nur ein Hundertstel der Tier- und ein Zehntel der Pflanzenarten dieses Gebietes, aber es sind die, denen du am ehesten begegnen kannst, es sind die wichtigsten.
Das Buch ist so handlich, daß du es überallhin mitnehmen kannst. Schon zu Hause, auf der Reise im Zug oder Auto, beim Warten oder Rasten solltest du darin blättern. So lernst du es bereits kennen, seine Einteilung in sechs Abschnitte, die sechs leicht unterscheidbaren Landschaften entsprechen. Innerhalb eines Abschnittes werden immer zuerst die Pflanzen und danach die Tiere und deren Lebensspuren behandelt.
Beim Durchblättern entdeckst du sicherlich Pflanzen und Tiere, die du schon kennst. Die Abbildungen der anderen Arten sollen dich anregen, dir einzuprägen, wie sie aussehen und wo man sie finden kann. Beachte auch die Erläuterungen zu botanischen und zoologischen Grundbegriffen auf den Innenseiten des Buchdeckels.
Eine Pflanze oder ein Tier bestimmst du durch Suchen in den verschiedenen Abschnitten. Schlage auch im Verzeichnis am Schluß des Buches nach! Laß dich nicht verwirren, wenn dein Fund nicht genau mit der Abbildung im Buch übereinstimmt, denn hier sind die Pflanzen und Tiere im schönsten und auffälligsten Zustand dargestellt. In der Natur aber sehen sie nicht immer

gleich aus! Vergleiche nur eine blühende Pflanze mit einer fruchtenden oder ein Jungtier mit einem ausgewachsenen. Denke auch an das Sommer- und Winterkleid vieler Tiere. Außerdem unterscheiden sich häufig Männchen und Weibchen, sogar bei Pappeln und Weiden gibt es männliche und weibliche Kätzchenblüten. Beachte bitte auch die Größenangabe! Ein Wasserfloh und ein Marienkäfer müssen in unterschiedlichem Maße vergrößert werden, ein Reh oder eine Blume sind nicht gleichmäßig verkleinert.

Hast du mit Hilfe des Textes und der Abbildung eine neue Art kennengelernt, kannst du sie dir im Buch ankreuzen. Schreibe dir auch auf, wo und wann du sie gefunden hast, am besten, du legst dir dafür ein Notizbuch an. Dort hast du Platz für Aufzeichnungen und kleine Skizzen über weitere Beobachtungen.

Willst du mehr erfahren, als dieses Buch enthält, oder findest du eine seltenere Tier- oder Pflanzenart, so mußt du zu einem umfangreicheren Buch greifen. Solche Bücher findest du in deiner Schulbibliothek, einer öffentlichen Bücherei oder in einer Buchhandlung. Du kannst dich aber auch an deine Eltern, deinen Biologielehrer oder an Mitarbeiter von naturkundlichen Museen, botanischen und zoologischen Gärten wenden.

Zum Schluß noch etwas zum Umgang mit den Tieren und Pflanzen. Viele von ihnen brauchst du gar nicht in die Hand zu nehmen, bei den unter Naturschutz stehenden ist es sogar verboten. Wenn du Tiere fangen oder Pflanzenteile abpflücken willst, überlege vorher, sei umsichtig und behutsam! Setze die Tiere nach ausgiebiger Beobachtung wieder in ihr Lebensgebiet und stelle die Pflanzen in einer Vase an deinen Arbeits- oder Lieblingsplatz oder trockne sie zwischen saugfähigem Papier für eine kleine Pflanzensammlung. Beschütze den Naturreichtum und die Schönheit deiner Heimat!

Pflanzen und Tiere in Garten, Park und Siedlung

Am leichtesten können wir die Tiere und Pflanzen unserer nächsten Umgebung beobachten, einige sogar von unserem Zimmerfenster aus. Fast alle Gewächse wurden vom Menschen hier angepflanzt und gepflegt: die Blumen und das Gemüse im Garten, die Graspflanzen im Rasen, die Ziersträucher, die Obst- und die Straßenbäume. Dagegen können sich nur wenige Wildpflanzen behaupten, denn die meisten gelten als Unkräuter und werden mit Hacke und Unkrautgiften bekämpft. Doch sollte man viele Wildpflanzen an den Stellen, wo es möglich ist, dulden. Sie binden Staub und dämmen Lärm, bereichern unsere Umgebung durch ihre oft schönen Blüten, Früchte oder Gestalten und beeindrucken uns dadurch, daß sie noch an öden Plätzen, zwischen Pflastersteinen oder an Mauern, Zäunen und Wegrändern gedeihen können. Außerdem bieten sie vielen Tieren, wie Vögeln und Insekten, zu jeder Zeit Nahrung.
Auch einige Tiere finden in der Nähe des Menschen, in seinen Häusern und Gärten, bessere Wohnbedingungen und mehr Schutz und Nahrung als anderswo. Sie schließen sich deshalb eng an diese Kulturlandschaft an, so daß man sie als »Kulturfolger« bezeichnet. Häufig werden diese Wildtiere nur in beliebte oder nützliche, wie Meisen und Schwalben, Hummeln und Marienkäfer, und in weniger beliebte, wie Mäuse und Sperlinge, Wespen und Blattläuse, eingeteilt; doch ist die Zahl der echten Schädlinge klein. Dagegen ermöglichen uns die meisten Tiere aufschlußreiche Beobachtungen ihrer Lebensweise oder der eigenartigen Beziehungen untereinander und zu den Pflanzen. Schließlich können wir gerade hier in unserer unmittelbaren Umgebung am deutlichsten den Jahresablauf in der Natur verfolgen.

Der heimische **Wacholder** ist meist ein dichter, schlanker Strauch mit spitzer Krone. In Gärten und Parks sieht man aber auch ausländische Arten mit vielfältigen Wuchsformen. Die graugrünen Nadeln sind stechend spitz. Nur die weiblichen Büsche tragen die zuerst grünen, später blauschwarzen Früchte. Sie werden als Gewürz verwendet.
Die strauchartige **Eibe** erkennt man leicht an ihren dunkelgrünen weichen Nadeln. Männliche und weibliche Blütenzapfen befinden sich auf verschiedenen Pflanzen. Das dunkelbraune Holz ist schwer, hart und elastisch und wurde früher zu Bögen verarbeitet.
Der **Lebensbaum** hat kleine gelbgrüne, schuppenförmige Blätter. Er kann zu einem schlanken Bäumchen heranwachsen, wird aber häufig zu dichten, immergrünen Hecken beschnitten.

Wacholder

Eibe

Lebensbaum

Der **Efeu** klettert mit Hilfe von Haftwurzeln an Mauern und Bäumen bis in große Höhen hinauf. Die immergrünen Blätter sind gewöhnlich 5eckig gelappt, eiförmig jedoch an den fruchtenden Zweigspitzen.
Der **Rhododendron** behält seine großen derben lederartigen Blätter auch im Winter. Die verschiedenen Arten und Sorten blühen meist hell rötlich, violett oder weiß.
Die **Mahonie** ist ein kleiner immergrüner Strauch mit glänzenden, harten und stechend spitzgezähnten Blättern. An den Enden der höchsten Triebe leuchten im Frühjahr gelbe Blütenstände und im Herbst blaue Beeren.

Efeu

Mahonie

Rhododendron

Die **Roßkastanie** kann man mit keinem anderen Baum verwechseln. Große langstielige Blätter teilen sich fingerförmig in 7 Blättchen. Die aufrechten weißen Blütenkerzen stehen frei über den Blättern, sie werden von Bienen und Hummeln eifrig besucht. Aber nicht alle Blüten sind fruchtbar. So wachsen an jedem Blütenstand nur wenige Früchte heran.
Der **Walnuß-Baum** bietet in seinem Schatten angenehmen Aufenthalt, denn durch den insektenabweisenden Duft der Blätter wird man kaum von Fliegen oder Mücken belästigt.
Der **Eschenblättrige Ahorn** trägt aus Fiederblättchen zusammengesetzte Blätter. Seine Früchte aber, die aus den langgestielten weiblichen Blüten hervorgehen, sind unverkennbar Ahorn-»Nasen«.

Roßkastanie

Walnuß

Eschenblättriger Ahorn

Die **Esche** wächst zu einem hohen schlanken Baum heran. Ihr Holz ist sehr biegsam und wird zum Bau von Fahrzeugen und Sportgeräten verwendet. Im Winter sind die blattlosen Zweige grau und tragen schwarze Knospen.
Die **Robinie** wird auch Falsche Akazie genannt. Ihre weißen hängenden Blütentrauben duften besonders stark und sind eine beliebte Bienenweide. Das Holz ist sehr zäh und giftig.
Die **Mistel** lebt als Halbparasit auf Bäumen, es gibt eine breitblättrige Laubholz- und eine schmalblättrige Nadelholz-Mistel. Mit ihren Saugwurzeln im Holz des Wirtsbaumes verankert, entnimmt sie ihm Wasser und darin gelöste Nährstoffe. Obwohl im Winter die Wasserzufuhr durch die Zweige des Wirtes längere Zeit unterbrochen sein kann, trägt die Mistel ihre Blätter das ganze Jahr hindurch.

Esche

Robinie

Mistel

Die **Espe** oder Zitter-Pappel hat runde Blätter, die an langen, seitlich zusammengedrückten Stielen sitzen. Schon ein schwacher Luftzug kann sie bewegen (»zittern«), während die Blätter anderer Bäume noch ruhig hängen. Die **Schwarz-Pappel** wächst schnell zu einem oft riesigen Baum mit rissiger Borke heran. Die **Pyramiden-Pappel** ist nur eine besondere Wuchsform der Schwarz-Pappel und unterscheidet sich in der Blattform oder den Blüten kaum von ihr. Auch sie wächst schnell, aber Holz und Zweige sind sehr brüchig. Es gibt fast nur männliche Exemplare. Junge Bäume werden nicht aus Samen, sondern aus Zweigen, die in die Erde gesteckt werden (»Steckreiser«), aufgezogen.

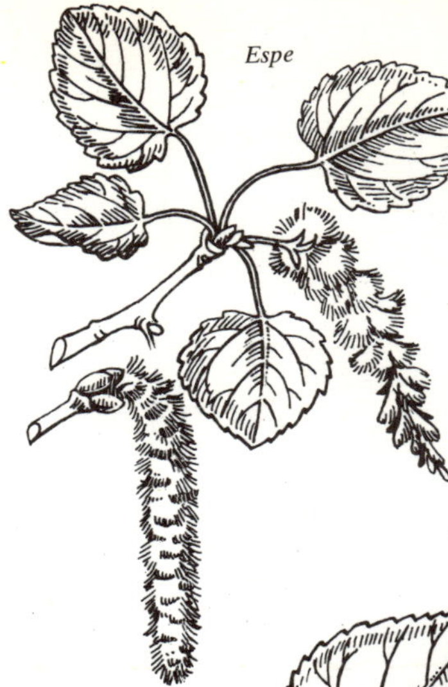

Espe

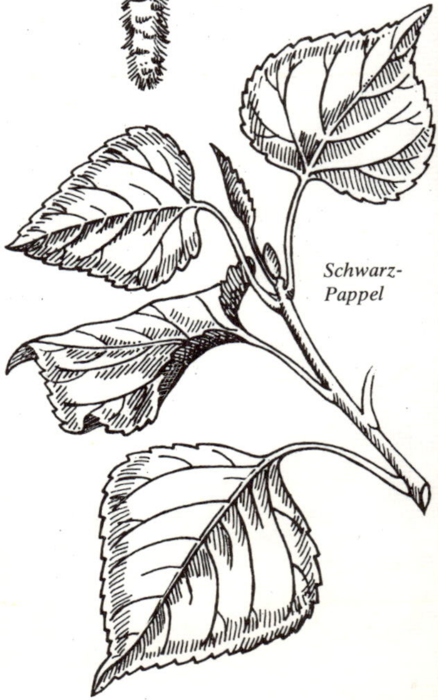

Schwarz-Pappel

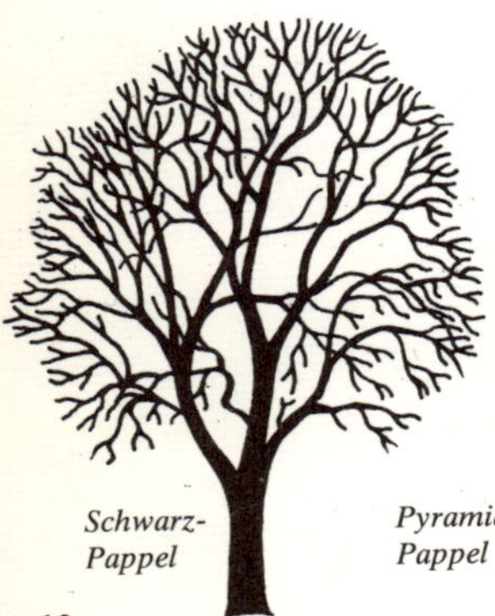

Schwarz-Pappel

Pyramiden-Pappel

Die **Linden** haben meist etwas schief-herzförmige Blätter. Im Juni und im Juli bieten die stark duftenden Blüten den Honigbienen reiche Nahrung.
Die Borke der **Platane** blättert ungleichmäßig ab. Deshalb erscheint der Stamm leopardenartig gefleckt. Kuglige, stachlige Fruchtstände hängen an langen Stielen. Erst im Vorfrühling lösen sie sich in mehr als 100 Einzelfrüchte auf.
Die **Silber-Pappel** bekam ihren Namen nach der silberweiß schimmernden Blattunterseite. Noch vor den Blättern erscheinen im März oder April die langen Kätzchenblüten, die nach dem Geschlecht getrennt auf verschiedenen Bäumen hängen. Die männlichen Blüten werden dunkelrot, die weiblichen grünlich. Feine weiße Härchen umschließen die Samen, nach der Reife überziehen sie als lockerer Wollteppich die Umgebung eines weiblichen Baumes.
Der **Feld-Ahorn** bleibt meist nur ein kleiner Baum, der in Gebüschen und Hecken wächst. Die Flügel seiner »Nasen«-Früchte stehen waagerecht.

Sommer-Linde

Winter-Linde

Platane

Silber-Pappel

Feld-Ahorn

Die **Weiden** erkennt man im Frühling an ihren schönen Kätzchenblüten. Männliche und weibliche sitzen auf getrennten Pflanzen. Die **Sal-Weide** wird nur ein großer Busch und hat eiförmige Blätter. Die **Trauer-Weide** und die Silber-Weide wachsen zu hohen Bäumen heran. Beide Arten besitzen längliche Blätter.
Die **Ulme** trägt eiförmige, oben zugespitzte Blätter mit gesägtem Rand, die im unteren Teil immer unsymmetrisch sind.
Die **Kirsche** steht in den meisten Gärten. Sie wurde aus der Wild- oder Vogel-Kirsche gezüchtet, deren Früchte viel kleiner bleiben.
Die **Traubenkirsche** verdankt ihren Namen den weißen Blütentrauben, die im Mai weithin leuchten. Ihre reifen Früchte sind erbsengroß, schwarz und ungenießbar.

Trauer-Weide

Sal-Weide

Traubenkirsche

Kirsche

Ulme

Garten

Der **Apfel** sieht im Mai mit seinen rosa überhauchten Blüten besonders prächtig aus.
Die **Birne** wirkt schlanker als der Apfelbaum und bringt reinweiße Blüten hervor.
Die **Schlehe** oder der Schwarzdorn wächst als dorniger und dicht verzweigter Strauch. Im Herbst schmücken ihn kugelrunde, blauschwarze Steinfrüchte. Sie sind eßbar, aber sehr sauer.
Die **Pflaume** gedeiht in jedem Garten. Es gibt viele Sorten, deren Früchte sich stark unterscheiden können.
Das **Mandelbäumchen,** ein kleiner Zierstrauch, kommt aus China. In Blattform und Blütenfarbe gleicht es dem Pfirsich, doch sind die Blüten größer und gefüllt.
Der **Pfirsich** hat länglich-schmale Blätter und rosa Blüten. Kühles Klima verträgt er nicht.

Apfel

Birne

Schlehe

Pflaume

Pfirsich

Mandelbäumchen

Der **Weißdorn** steht als Strauch in Hecken oder als kleiner Baum oft in Vorgärten. Kleinvögel nisten gern in seinem dichten, dornigen Gezweig. Die roten Früchte dienen im Herbst und Winter den Drosseln als Nahrung.
Die dornenlose **Mehlbeere** wächst als Strauch oder Baum. Sie trägt eine glatte silbergraue Rinde und eiförmige Blätter.
Die **Hecken-Rose** stützt sich mit ihren langen stachligen Zweigen gern auf andere Sträucher oder auf Zäune. Ihre reifen Früchte heißen **Hagebutten**.

Weißdorn

Mehlbeere

Mehlbeerenfrüchte

Hecken-Rose

Die **Brombeere** kann mit ihren stachligen und wirr rankenden Trieben eine fast undurchdringliche Hecke bilden. Die Früchte, aus vielen kleinen Einzelfrüchten zusammengesetzt, reifen erst im August.
Die **Himbeere** wächst als 1 m hoher aufrechter Strauch, dessen Triebe mit zahlreichen feinen Stacheln besetzt sind und erst im zweiten Jahr die roten Früchte tragen.
Die **Stachelbeere**, die **Rote Johannisbeere** und die **Schwarze Johannisbeere** gelten als die beliebtesten Beerenobststräucher. Vergleicht man ihre Früchte mit denen der wilden Arten, die es in vielen Wäldern noch gibt, kann man die Leistungen der Pflanzenzüchter gut einschätzen.

Brombeere

Himbeere

Schwarze Johannisbeere

Stachelbeere

Rote Johannisbeere

Wildform

Der **Pfeifenstrauch** oder Falsche Jasmin aus Nordamerika trägt seine weißen Blüten an den Zweigspitzen. Aus den schlanken Zweigen wurden früher die Röhren der Tabakspfeifen hergestellt.
Die **Spiere** wächst zu einem etwa 1,5 m hohen Strauch heran. Die kleinen weißen Blüten sitzen in dichten Trauben an den überhängenden Zweigen.
Der **Schneeball,** ein einheimischer Strauch, hat doldenähnliche weiße Blütenstände. Nur die kleinen Blüten in der Mitte sind fruchtbar, die großen äußeren dagegen dienen zum Anlocken der Insekten. Die runden Blütenbälle der Zuchtform in den Gärten bestehen nur aus solchen unfruchtbaren Blüten.

Pfeifenstrauch

Spiere

Schneeball

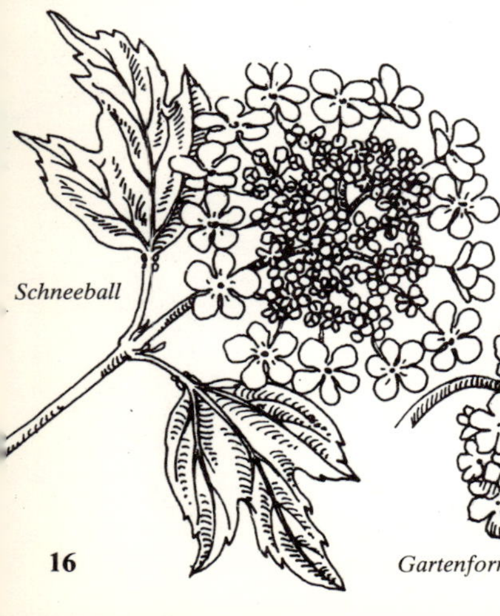

Gartenform

Die **Schneebeere** oder Knallerbse schmückt sich vom Sommer bis in den Winter hinein mit Beeren. Das weiße Aussehen der Beeren beruht auf vielen kleinen Luftbläschen in ihrem schwammigen Mark. Der oft wuchernde Strauch stammt aus Nordamerika.
Den **Besenginster** zieren im Mai gelbe Blüten. Seine Früchte sind schwarze Hülsen mit kleinen braunen Samen. Früher wurden aus seinen Zweigen Besen gefertigt.
Die **Forsythie** aus China ist einer der ersten Frühjahrsblüher unter den Sträuchern der Gärten und Parks. Die gelben 4teiligen Blüten erscheinen noch vor den Blättern Ende April oder Anfang Mai.
Die rutenförmigen Zweige der **Tamariske** sind mit feinen schuppen- oder nadelähnlichen Blättchen besetzt. In ihrer trocken-heißen Heimat in Bulgarien und Asien schützt sie sich dadurch gut vor zu starker Austrocknung.

Schneebeere

Besenginster

Forsythie

Tamariske

Der **Schwarze Holunder** wächst in Gebüschen, an Mauern und auf Schutt. Die schirmähnliche Blütendolde mit den kleinen weißen Blüten steht aufrecht, unter dem Gewicht der reifen Beeren aber neigt sie sich abwärts.

Der **Flieder** ist unverwechselbar durch seine herzförmigen Blätter und die prächtigen violetten, rötlichen oder weißen Blütenrispen an den Spitzen der obersten Zweige.

Der **Liguster** wird in Hecken gepflanzt und immer wieder kurz geschnitten. Er kann aber 4 m hoch werden. Ein Teil der Blätter bleiben auch im Winter an den Zweigen.

Der **Sommerflieder** oder Schmetterlingsstrauch aus China hat langgestreckte dunkelgrüne Blätter. An den Spitzen der überhängenden Zweige sitzen schmale, stark duftende Blütenrispen, auf denen sich zahlreiche Tagfalter einfinden.

Schwarzer Holunder

Flieder

Sommerflieder

Liguster

Das **Geißblatt** oder Jelängerjelieber ist eine Schlingpflanze. Die Blüten werden durch fliegende Nachtfalter bestäubt. Daher stehen sie waagerecht ab und beginnen erst abends stark (für uns angenehm) zu duften. Für den Menschen sind alle Pflanzenteile giftig.

Der **Sanddorn** wächst nicht nur an der Küste, man findet ihn auch in den Gärten und Parks. Seine unterseits silbrigen schmalen Blätter und die dicht am dornigen Zweig sitzenden orangefarbenen Beeren machen ihn unverwechselbar.

Der **Feuerdorn** trägt im Herbst leuchtend rote Früchterispen. In dem dornigen, undurchdringlichen und immergrünen Busch nisten gern Amseln und viele Kleinvögel.

Die kleinblättrige **Berberitze** oder den Sauerdorn kennzeichnen 2 bis 3 Stacheln am Ansatz der giftigen Blätter.

Geißblatt

Sanddorn

Feuerdorn

Berberitze

Die **Magnolie** zieht zur Blütezeit Ende April alle Blicke auf sich: Die großen weißen, seerosenähnlichen Blüten schmükken weithin sichtbar den noch unbelaubten Baum. Bei Spätfrösten erleiden die Blüten aber Schaden.
Der **Ginkgo,** ein seltener, aber bemerkenswerter und unverwechselbarer Baum, stammt aus Ostasien. Seine fächerförmigen Blätter erinnern teils an Laubblätter, teils an Nadeln.
Der **Maulbeerbaum** trägt im Juli brombeerähnliche süße Früchte oft in großer Zahl. Die Blätter sind sehr verschiedengestaltig. Sie wurden früher auch bei uns als Futter für Seidenraupen benötigt.

Magnolie

Maulbeerbaum

Ginkgo

Der **Kletterwein** und der Wilde Wein schmücken selbst noch nach der Rotfärbung und dem Abfallen der Blätter im Herbst hohe Mauern und kahle Häuserwände. Die Ranken halten sich mit kleinen Haftballen an der Wand, umwickeln Drähte oder andere Kletterunterlagen.
Der **Wein** bildet Ranken, die ihre Kletterunterlage mehrmals umwinden und sich danach in ihrem hinteren Teil korkenzieherartig zusammenziehen. Zur Reife der Beeren an der Traube ist viel Sonnenschein nötig, sonst bleiben sie klein und sauer.
Die **Clematis** oder Waldrebe wickelt ihre Blattstiele um das Klettergerüst. Sie stammt aus China.
Die **Zaunrübe** gehört zu den wildwachsenden Stauden. Sie muß in jedem Jahr von neuem am Zaun emporranken.

Kletterwein

Wein

Clematis

Zaunrübe

Das **Schneeglöckchen** treibt aus seiner Zwiebel schon so zeitig hervor, daß es manchmal noch den Schnee durchdringen muß. Seine nickende Blüte zeigt außen 3 lange weiße Blütenblättchen und innen 3 kurze mit grünem Fleck.
Der **Märzenbecher** wird etwas größer als das Schneeglöckchen und hat in seiner Blüte 6 gleich lange Blütenblätter, die alle einen gelbgrünen Fleck an der Spitze tragen.
Der **Milchstern** öffnet seine weißen Blüten nach oben. Auf der Außenseite sind die Blütenblätter graugrün, so daß die Blüten kaum auffallen, wenn sie sich bei ungünstiger Witterung schließen.

Der **Krokus** ist der auffälligste Frühblüher am Boden. Violett, weiß oder gelb leuchten die trichter- oder glockenförmigen aufwärts gerichteten Blüten. Nach dem Verblühen wirkt die Pflanze mit ihren grasähnlichen Blättern unscheinbar.
Der **Blaustern** oder die Szilla trägt 2 bis 3 sich aufspreizende blaue Blüten am etwa 10 cm langen Stiel.
Die **Hyazinthe** blüht nicht nur im Garten, sondern bei richtiger Pflege in besonderen Gläsern auch im Zimmer. Die Wurzeln reichen ins Wasser hinab, die Zwiebel selbst darf nicht naß werden.
Die **Traubenhyazinthe** oder Träubel vereint die vielen kleinen glockigen Blüten in einer blauen Traube.

Krokus-Sorten

Trauben-hyazinthe

Hyazinthe

Blaustern

Der **Winterling** entfaltet seine gelbe Blüte mitunter schon im Februar oder März. Sie sitzt auf dem nur 10 cm hohen Stengel über einem Kranz von dunkelgrünen Blättern. Die Heimat dieses Frühblühers ist Südosteuropa.

Die **Gemswurz** wächst im April und Mai zu einer 30 cm hohen, reich blühenden Staude heran. Niedrige Temperaturen zur Blütezeit machen der im Gebirge heimischen Pflanze wenig aus.

Das **Scharbockskraut** bedeckt mit seinen rundlichen, glänzenden Blättern und den gelben Blüten oft schon im April den Boden unter Bäumen und Gebüsch oder an Gräben. Es kann sich auf 3 verschiedenen Wegen fortpflanzen: über Samen, über Wurzelknollen und über Brutknöllchen, die sich in den unteren Blattwinkeln bilden. Die Blätter dienten früher als Heilmittel gegen den Skorbut oder Scharbock, eine Vitaminmangelkrankheit, an der besonders Seefahrer litten.

Winterling

Gemswurz

Scharbockskraut

Die **Osterglocke** oder Gelbe Narzisse trägt eine reingelbe Blüte. Es gibt in den Gärten aber auch viele gezüchtete Mischformen zwischen der Gelben und der Weißen Narzisse.
Die **Weiße Narzisse** hat 6 weiße Blütenblätter, die um ein gelbes Krönchen mit rotem Rand stehen. Die Narzisse wird höher und schlanker als die Osterglocke.
Die **Tulpe** wird bereits seit vielen hundert Jahren als eine der beliebtesten Gartenblumen gezüchtet. Die Blütenblätter können einfarbig, gestreift oder geflammt sein; gelb, rot oder violett; eiförmig, zugespitzt oder geschlitzt.

Osterglocke

Weiße Narzisse

Tulpen-Sorten

Die **Lilien** blühen weiß, orange, rot oder gelb, ihre 6 Blütenblätter stehen trichterartig zusammen oder sind zurückgerollt. Allen gemeinsam aber sind die 6 großen, kräftig gelborange gefärbten Staubgefäße, die wie der Griffel weit hervorstehen und deshalb leicht von blütenbesuchenden Schmetterlingen berührt werden.

Die **Schwertlilie** oder Iris erhielt ihren Namen nach der Form ihrer Blätter. Die 3 äußeren Blütenblätter sind nach außen umgebogen, die 3 inneren stehen aufrecht.

Bei den **Gladiolen** sitzt der reiche Blütenschmuck immer nur an einer Seite des zusammengedrückten Stengels. Die Blätter sind schwertförmig; das lateinische Wort »gladiolus« bedeutet »kleines Schwert«.

Die **Kaiserkrone** trägt an einem kräftigen Stengel einen Kranz von gleichzeitig blühenden orangefarbenen Blütenglocken. Die Pflanze stammt aus Mittelasien und ist giftig.

Lilie

Schwertlilie

Gladiole

Kaiserkrone

Das **Tränende Herz** bekam seinen Namen nach den herzförmigen Blüten, die an feinen Stielchen hängen. Ihre 2 äußeren Blütenblätter sind rot, die 2 inneren dagegen weiß.

Der **Rittersporn** bildet große blaue Blütenkerzen. Jede Blüte trägt einen längeren und einen kürzeren Sporn, in denen sich Nektar befindet, der besonders von Hummeln gesammelt wird.

Die **Lupine** bringt einen reichblütigen aufrechten blauen oder rötlichen Blütenstand hervor. Die Blätter gliedern sich fächerförmig in etwa 13 Einzelblättchen auf.

Die **Lampionpflanze** trägt im Herbst leuchtend orangerote »Lampions« aus miteinander verwachsenen Kelchblättern, die eine saftige rote Beere umhüllen.

Die **Akelei** hat 5teilig zusammengesetzte, ampelartige Blüten.

Tränendes Herz

Rittersporn

Lupine

Akelei

Lampionpflanze

Die **Rose** ist seit Jahrhunderten die beliebteste Gartenblume. Sie stammt aus dem Orient. Heute gibt es unübersehbar viele verschiedene Rosensorten, aber ob sie rot, gelb oder weiß blühen, ob sie niedrig bleiben oder hoch hinauf ranken, sie alle sind holzige Sträucher mit Stacheln, und ihre Blüten duften angenehm.
Die **Pfingstrose** bekam ihren Namen nach der Blütezeit sowie der Ähnlichkeit ihrer großen, vollen Blütenbälle mit den Rosenblüten. Aber sie hat keine Stacheln und ist eine Staude, die nur als Wurzelknolle überwintert. Die Pflanze kann über 50 Jahre alt werden.
Die **Dahlie** stammt aus Mexiko und wird heute in vielen prächtig blühenden Sorten gezüchtet. Sie ist aber frostempfindlich und kann bei uns nur als Wurzelknolle geschützt im Keller überwintern.

Rose

Pfingstrose

Dahlie

Wohlriechende Wicke

Die **Wohlriechende Wicke** (s. S. 28) ist eine Kletterpflanze mit zarten, duftenden Blüten. Die sehr zarten Blütenblätter des **Mohns** fallen schon nach kurzer Zeit ab. Seine Samen reifen in einer großen gekammerten Kapsel. Der etwa 1 m hohe **Orientalische Mohn** ist eine Zierstaude, der Garten-Mohn und der Klatsch-Mohn (s. S. 155) dagegen entwickeln sich jedes Jahr wieder neu aus dem winzigen Mohnsamen.
Die **Geranie** oder Pelargonie ist wegen ihrer leuchtenden Blütenfarbe und der anspruchslosen Pflege eine der beliebtesten Balkonpflanzen.
Der **Phlox** entfaltet seine reichen Blütenstände an der Spitze des unverzweigten Stengels.
Das **Löwenmaul** besitzt eigentümliche Rachenblüten. Ein nektarsuchendes Insekt muß kräftig sein, um sich zwischen der Ober- und der Unterlippe hindurchzwängen zu können, wenn es an die begehrte Nahrung gelangen will.

Orientalischer Mohn

Geranie

Löwenmaul

Phlox

Die **Astern** blühen in vielen Farbabstufungen von Blaurot und Violett über Rot, Rosa bis zu Weiß.
Die **Margerite** oder Wucherblume ist ein Korbblütler: Weiße Zungenblüten umstehen die gelbe Scheibe, die aus vielen, dicht aneinandersitzenden Röhrenblüten besteht. Ihr Duft wird oft als unangenehm empfunden.
Die **Ringelblume** gilt als anspruchslose Pflanze, die jedoch viele Monate hindurch blühen kann. Ihr Name bezieht sich auf die gekrümmten (»eingeringelten«) Früchte, die aus der goldgelben oder orangefarbenen Blüte hervorgehen.
Die **Kosmea** trägt ihre großen duftigen Blütenköpfe auf einem hohen Stengel, an dem sehr fein zerfiederte Blätter sitzen.

Aster

Margerite

Kosmea

Ringelblume

Die **Sonnenblume** entfaltet oft in 2 m Höhe ihre Blütenköpfe. Dicht gedrängt sitzen die Röhrenblüten in der Scheibe, am Rand befinden sich die auffälligen Zungenblüten. Die durch Bienen bestäubte Pflanze hat ihre Heimat in Amerika, wo sie schon seit langem von Indianervölkern kultiviert wurde.
Die **Stockrose** oder Malve, die besonders wirkungsvoll vor einer Hauswand oder Mauer steht, ist keine Rose, sondern ein Malvengewächs. Sie kommt aus dem Mittelmeergebiet und wird seit Jahrhunderten als Zier-, Arznei- und Färbepflanze angebaut.
Die **Steppenkerze** oder der Lilienschweif beeindruckt durch den bis zu 2 m hohen Blütenstand mit oft über 100 zierlichen Einzelblüten. Dieses Liliengewächs stammt aus asiatischen Gebirgssteppen.
Der **Federmohn** wächst zu 3 m hohen Stauden mit blaugrünen Blättern und gelbgrünen Blütenständen heran.

Sonnenblume

Stockrose

Federmohn

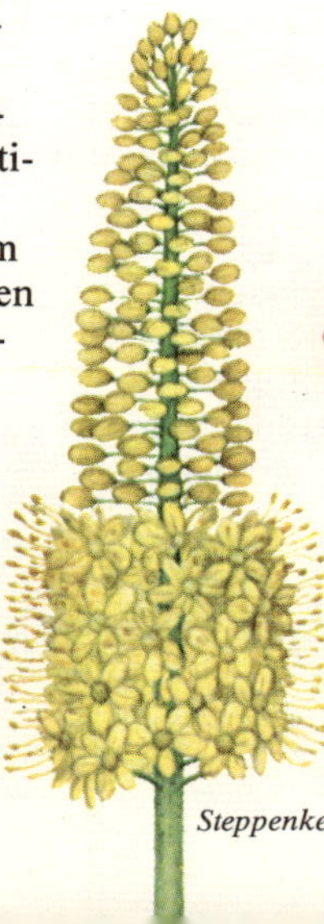

Steppenkerze

Die **Nelken** lieben sonnige und trockene Stellen im Garten. Ihre Blätter sind schmal und grasähnlich, ihre Blüten duften angenehm.

Bei der **Primel** oder Schlüsselblume sind die runzligen Blätter zu einer Rosette geordnet, aus deren Mitte sich die je nach Art gestielten oder ungestielten Blüten erheben. Der deutsche Name leitet sich vom wissenschaftlichen »primula« ab, was »die kleine Erste« bedeutet, denn die Stengellose Primel gehört zu unseren ersten Frühjahrsblühern.

Das **März-Veilchen** findet sich unter Hecken oder vor Mauern. Von dem angenehmen Duft der 2 cm großen tiefvioletten Blüten auf nur 6 cm langem Stiel werden Bienen, Hummeln und Schwebfliegen angelockt. Der von ihnen gesuchte Nektar sammelt sich im Blütensporn an.

Das **Stiefmütterchen** besitzt eine 5teilige Blüte, deren Gestalt und Zeichnung unsere Vorfahren zu der humorvollen Namensgebung veranlaßte.

Nelke

Primeln

März-Veilchen

Stiefmütterchen

Garten

Die **Bergenie** oder der Riesensteinbrech fällt durch die großen glänzenden und fleischigen Blätter und den rosafarbenen Blütenstand auf.
Die Polsterstauden des Steingartens vertragen Kälte, Trockenheit und Nährstoffarmut, benötigen aber viel Sonnenschein. **Blaukissen** oder Aubretie und das weißblühende **Hornkraut** findet man in fast jedem Garten. Das **Steinkraut** ist ein gelbblühender Halbstrauch mit graufilzigen schmalen Blättern. **Gänsekresse** und Schleifenblume bleiben meist wintergrün; beide Pflanzen blühen weiß.

Die **Brennesseln** sind uns heute nur als besonders unangenehme Unkräuter bekannt. Sie besiedeln vor allem nährstoffreiche Böden, man kann sie deshalb geradezu als Anzeiger dafür benutzen. Früher dienten die jungen Pflanzen der **Großen Brennessel** oft als vitaminreiches Frühgemüse und als Arznei. Aus den Fasern des Stengels alter Pflanzen stellte man das Nesseltuch her. Während bei der **Kleinen Brennessel** männliche und weibliche Blüten auf einer Pflanze vereint sind, sitzen sie bei der Großen Brennessel auf verschiedenen Pflanzen. Die Bestäubung vollzieht der Wind.

Der **Beifuß** wächst häufig an Wegen, Gebüsch und auf Schutt. Er ist ein Korbblütengewächs, dessen Blütenstaub der Wind überträgt. Deshalb brauchen die Blüten nur so unscheinbar gelbgrün zu sein.

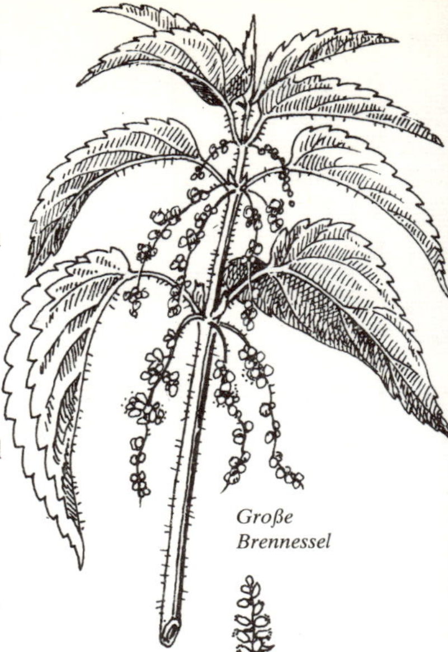

Große Brennessel

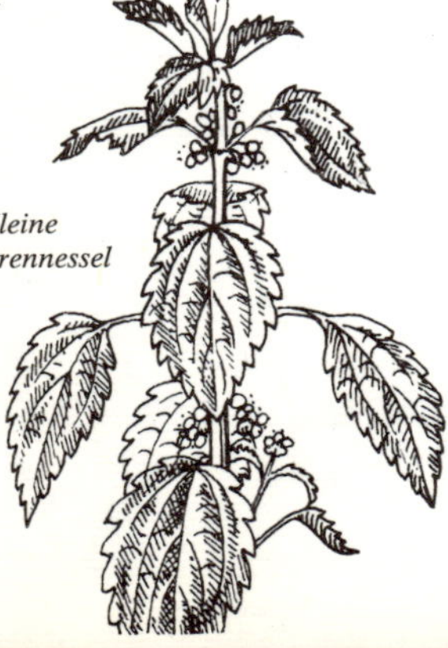

Kleine Brennessel

Beifuß

Die **Kanadische Goldrute** gedeiht besonders an Schuttplätzen oder in verwilderten Gärten. Die über 1 m hohen Stengel tragen an ihrer Spitze eine Rispe sehr vieler kleiner gelber Korbblüten.

Der **Giersch** breitet sich von seinem Standort an Zäunen oder Gebüschen immer wieder in den Garten hinein aus und wird so zum Unkraut. Über 3teiligen 30 cm langen Blättern erhebt sich doppelt so hoch die weiße Blütendolde. Der Giersch ist für Haustiere ein beliebtes Futter. Früher wurde er vom Menschen als Salat und als Heilmittel gegen Gicht verwendet.

Das gelbblühende **Schöllkraut** kann man sowohl im Schatten unter Bäumen und Sträuchern als auch an Zäunen oder in Mauerritzen finden. Wird ein Pflanzenteil verletzt, tritt ein orangegelber Milchsaft hervor.

Goldrute

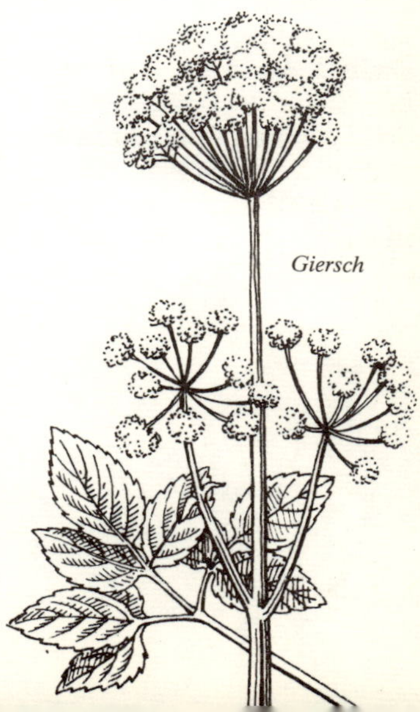

Giersch

Schöllkraut

Das **Knopfkraut** oder Franzosenkraut ist ein schnellwachsendes Unkraut mit kleinen Korbblütenständen. In äußerst kurzer Zeit reifen die Samen, die auf dem Boden auch sofort wieder auskeimen können. Erst seit etwa 100 Jahren breitet es sich bei uns aus, es stammt aus Südamerika.

Von den Unkräutern **Melde** und **Gänsefuß** gibt es mehrere Arten, die sich besonders auf Beeten, an Wegrändern oder auf Schutt ansiedeln. Alle haben kleine grüne, unscheinbare Blüten in lockeren, aber reichen Blütenrispen. Die Samen sind in kurzer Zeit reif und können sofort auskeimen.

Der **Strahlenlosen Kamille** fehlen die äußeren Blütenstrahlen, sie ist dadurch unverwechselbar. Sie duftet stark und gedeiht auch an festgetretenen Stellen. Seit dem Altertum wird sie als Heilpflanze genutzt.

Knopfkraut

Melde

Gänsefuß

Strahlenlose Kamille

Das anspruchslose **Hirtentäschelkraut** wächst an Wegrändern und auf Schutt. Es blüht weiß und fruchtet fast das ganze Jahr hindurch. Die taschenähnliche Form der Schötchenfrüchte ist die Ursache für den Namen.
Das weißblühende **Acker-Hellerkraut** hat fast pfenniggroße, flache und geflügelte Früchte. So kann der Wind den Samen leicht erfassen und verbreiten.
Die **Geruchlose Kamille** trägt besonders fein zerschlitzte Blätter und leuchtendweiße Zungenblüten, die die gelbe Röhrenblütenmitte umstehen. An Wegrändern und auf ungepflegten Beeten findet man sie häufig. Nach »Kamille« duftet sie nicht.

Hirtentäschelkraut

Acker-Hellerkraut

Geruchlose Kamille

Gänseblümchen

Das **Gänseblümchen** blüht fast das ganze Jahr hindurch, auch an milden Tagen im Winter. Besonders bei Sonnenschein leuchten die dann weit geöffneten rosa-weißen Blütenkörbe, abends oder bei trüber Witterung schließen sie sich.
Der gelbblühende **Löwenzahn** oder die Kuhblume gilt als lästiges und schwer zu bekämpfendes Unkraut. An sonnigen und wenig bewachsenen Stellen breiten sich seine Blätter als flache Rosette aus, an schattigem oder mit hohen Pflanzen bewachsenem Standort aber sind sie schlank und aufgerichtet.
Der **Weiß-Klee** ist allbekannt durch sein 3teiliges Kleeblatt und die weißen Blütenköpfchen. Er wächst im Rasen und an Wegrändern. Seine Blüten werden von Hummeln besucht.

Löwenzahn

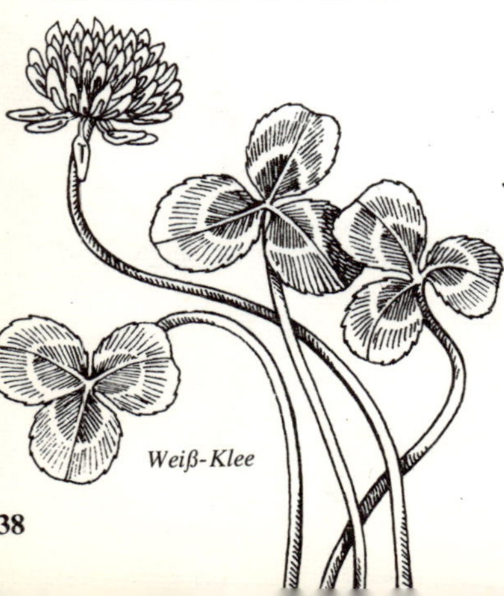
Weiß-Klee

Die **Ackerwinde** kann ihre Triebe am Boden ausbreiten oder mit ihnen an Zäunen oder anderen Pflanzen emporklettern. Die weißen Trichterblüten falten sich am Abend zusammen.
Der **Breit-Wegerich** ist häufig die einzige Pflanze, die man noch mitten auf einem sonnigen Fußweg findet. Er übersteht gelegentliches Betreten gut, während andere Pflanzenarten dadurch geschädigt werden. Schatten verträgt er dagegen nicht. Die grüne Blütenähre steht steif aufrecht, die Blätter liegen flach am Boden und bilden eine Rosette.
Die **Weg-Malve** lebt oft auf Schutt, an Wegen, Zäunen und Mauern. Sie hat hellrosa 5teilige Blüten. Im Mittelalter war sie eine begehrte Heilpflanze.

Ackerwinde

Weg-Malve

Breit-Wegerich

Das **Einjährige Rispengras,** das häufigste kleine Gras an Wegrändern, zwischen Pflastersteinen oder auch auf Dächern, wächst in erstaunlich kurzer Zeit aus dem vom Wind herangewehten Samen zur etwa 10 cm hohen fruchtenden Pflanze heran.
Der rötlich blühende **Vogel-Knöterich** keimt sogar in kleinsten Ritzen des Straßenpflasters oder an stark betretenen Wegrändern und breitet sich flach am Boden in alle Richtungen aus. Zwischen den Stengeln und Blättern lagern sich Sand, Staub und Pflanzensamen ab, so können sich auf vorher ungeeigneter Stelle weitere Pflanzen ansiedeln. Der Name bezieht sich auf den knotigen Stengel und die Beliebtheit bei Vögeln als Nahrungspflanze.
Die weißblühende Vogel-Sternmiere oder **Vogelmiere** ist eines der bekanntesten Unkräuter. Die Pflanze wächst, blüht und fruchtet fast das ganze Jahr hindurch.

Der **Schopf-Tintling** sprießt oft aus Rasen oder alten Laub- oder Strohhaufen hervor. Der schuppige Hut zersetzt sich schon nach 2 Tagen in eine tintenähnliche Flüssigkeit.
Der **Falten-Tintling** erscheint häufig im Garten oder am Straßenrand an alten Abfallhaufen aus Laub oder anderem Pflanzenmaterial. Beide Arten sind nur im Jugendstadium eßbar.

Falten-Tintling

Die **Hain-Schnirkelschnecke,** die häufigste Schnecke in Gärten und Parks, tritt in vielen unterschiedlichen Färbungs- und Zeichnungstypen auf. Ihr 2 cm breites Gehäuse hat einen dunkel gefärbten Mündungsrand.
Die **Baumschnecke** liebt feuchtere Stellen, wo sie an Kräutern und Sträuchern frißt.
Die **Kellerschnecke** bildet kein Spiralgehäuse und wird daher als Nacktschnecke bezeichnet. Sie lebt in feuchten Kellern und Speichern, wo sie mit der raspelartigen Zunge an Kartoffeln, Möhren oder Blumenzwiebeln schabt.
Die **Weinbergschnecke** ist die größte heimische Schnecke, ihr Kalkgehäuse kann bis 4 cm breit werden. Sie hält sich unter Gebüsch und vor Gartenmauern auf und ernährt sich von Kräutern. Den Gehäuseeingang verschließt sie bei Trockenheit durch ein Schleimhäutchen, im Winter durch einen Kalkdeckel.

Hain-Schnirkelschnecke

Baumschnecke

Kellerschnecke

Weinbergschnecke

Die **Kellerassel** wird bis 1,5 cm lang, ihr abgeflachter Körper besteht aus mehreren beinah gleichförmigen Teilen. Sie kommt in Gebäuden und im Freien an feuchten, schattigen Orten vor und frißt abgestorbene Pflanzenteile.
Der wurmförmige **Erdläufer** erreicht 3,5 cm Länge und hat über 50 Körperringe mit je einem Beinpaar. Tagsüber hält er sich unter Steinen und im Boden versteckt und jagt nachts Würmer und Insekten.
Ein ausgewachsener **Steinläufer** wird über 3 cm lang und besitzt 15 Beinpaare. Wie der Erdläufer gehört er zu den Hundertfüßern. Auch er jagt nachts nach Insekten und anderem Kleingetier.
Der **Sand-Schnurfüßler** gehört zu den Tausendfüßern, deren Name aber eine Übertreibung ist. An jedem der über 50 Körperringe sitzen 2 Beinpaare, so daß das 4 cm lange Tier über 200 Beine haben kann. Es ernährt sich von modernden Pflanzenresten.
Der **Weberknecht** kann vorwärts und rückwärts gleich gut laufen, mit den langen Beinen tastet er auch seine Umgebung ab. Seine Nahrung besteht aus kleinsten Tieren und Pflanzenteilen.

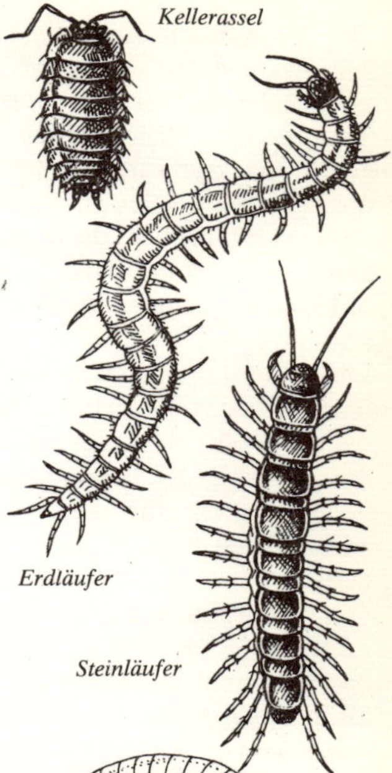
Kellerassel
Erdläufer
Steinläufer

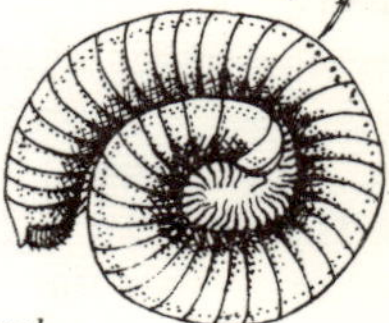
Sand-Schnurfüßler

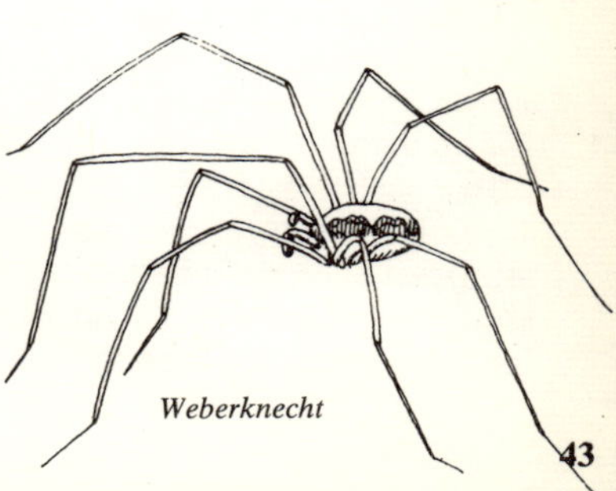
Weberknecht

Die **Kreuzspinne** baut alle 2 Tage ein neues senkrecht hängendes, radförmiges Fangnetz, in dem sich vor allem fliegende Insekten fangen. Bevor die Spinne ihre Beute aussaugt, tötet oder lähmt sie diese durch einen Biß und umwickelt sie mit frisch erzeugter Spinnenseide.

Die schlanke **Winkelspinne** lebt im Freien und in Gebäuden, wo sie in einem Mauerwinkel ihr dreieckiges waagerechtes Netz errichtet, das in eine kurze Versteckröhre übergeht.

Die flinke **Springspinne** kann man gut an Mauern und Zäunen beobachten. Der weniger als 1 cm große Räuber fängt seine Beute – kleine Insekten – durch einen Sprung auf deren Rücken.

Den **Heimchen**-Gesang kann man im Hause zu jeder Jahreszeit, im Freien aber nur in warmen Sommern hören. Er wird durch Übereinanderreiben der Vorderflügel erzeugt und dient zum Anlocken der Weibchen und zum Abweisen anderer Männchen.

Silberfischchen sind flügellose Insekten, deren Körper mit silbrigen Schuppen bedeckt sind. Sie halten sich an dunklen und feuchten Orten auf.

Kreuzspinne

Winkelspinne

Springspinne

Heimchen

Silberfischchen

Die rote **Samtmilbe** lebt im Boden und ernährt sich von noch kleineren Tieren und deren Eiern, die sie aussaugt.
Die gelblichen **Käfermilben** finden sich oft in großer Zahl an Mistkäfern, von denen sie sich aber nur von einem Kothäufchen zum anderen tragen lassen, um an ihre Beutetiere – Fliegenmaden und Fadenwürmer – zu gelangen.
Der **Holzbock** oder die Zecke gehört ebenfalls zu den Milben. Die erwachsenen Holzböcke lassen sich von Gebüschen auf vorbeikommende Säugetiere, auch Menschen, fallen, um an ihnen Blut zu saugen. Nüchtern sind die Tiere höchstens 4 mm lang, vollgesogen erreicht ihr Hinterleib den Umfang einer Erbse.
Schaben sind sehr wärmebedürftig und können sich meist nur in beheizten Gebäuden halten. Schädlich werden sie weniger durch Fraß als durch Verschmutzung und Krankheitsübertragung. Die hellbraune **Deutsche Schabe** wird bis 1,5 cm lang und besitzt dann Flügel, die den Hinterleib bedecken. Die **Küchenschabe** erreicht 2,5 cm Länge. Auch bei ausgewachsenen Tieren bleiben die Flügel kürzer als der Hinterkörper.

Samtmilbe

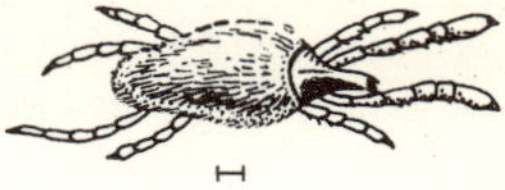

Käfermilbe

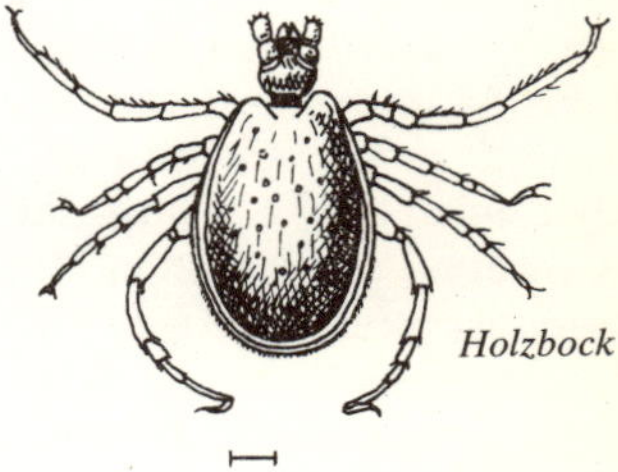

Holzbock

Deutsche Schabe

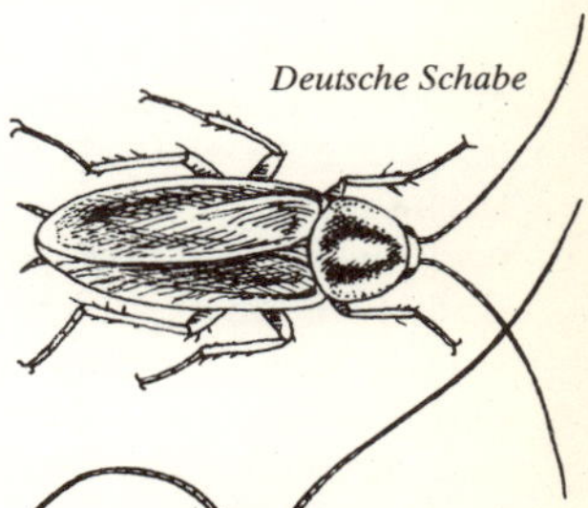

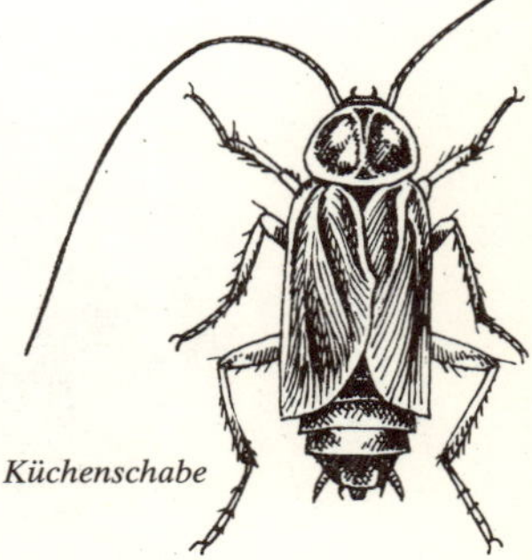

Küchenschabe

Der Name des **Ohrwurms** oder Ohrenkneifers bezieht sich auf die zu einem »Nadelöhr« gebogenen Hinterleibszangen, mit denen diese Insekten nicht nur harmlos kneifen, sondern auch ihren Fortpflanzungspartner festhalten oder ihre langen Hinterflügel auseinander- oder wieder einfalten können.
Die **Feuerwanzen,** auch Soldaten, Franzosen oder fälschlich Feuerkäfer genannt, findet man oft in Massen am Fuß alter Linden oder Mauern. Ihre Nahrung saugen sie aus Pflanzen oder toten Insekten. Von insektenfressenden Tieren werden sie wegen ihres unangenehmen Geschmacks gemieden.
Zu den **Laufkäfern** gehört eine große Zahl sich ähnelnder Arten. Die meisten leben räuberisch von Schnecken, Würmern und Insekten, die sie nachts am Boden erbeuten. Andere, die vorzugsweise Samen und andere Pflanzenteile fressen, sieht man auch am Tage über den Boden eilen.

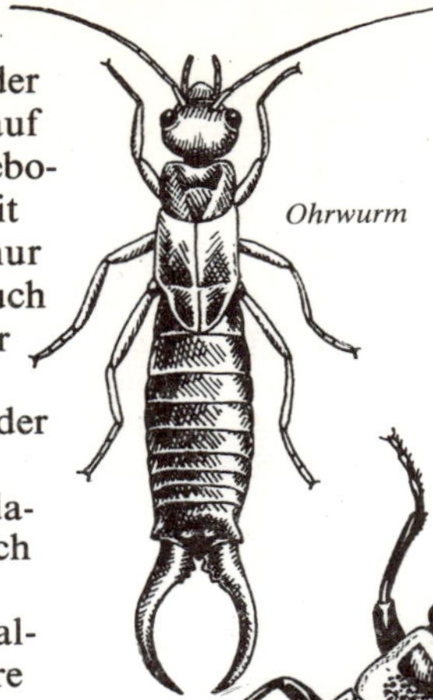
Ohrwurm

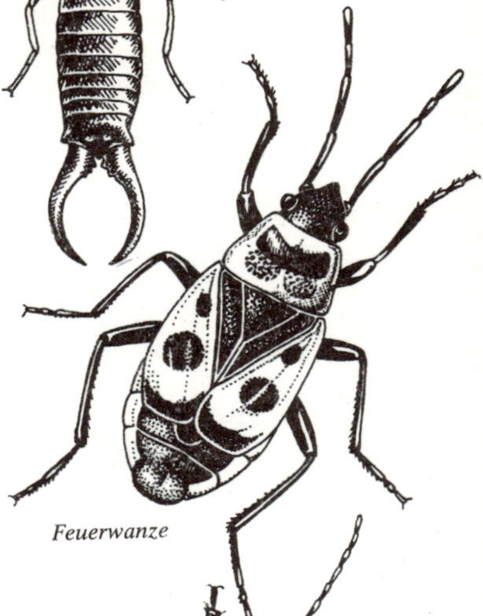
Feuerwanze

Hainlaufkäfer

Der **Junikäfer** wird etwa 1,5 cm lang. Die Käfer umschwärmen an warmen Abenden zur Zeit des Sommeranfangs oft in großer Zahl Bäume und Sträucher, in der Stadt auch Dächer und Balkons. Die Junikäfer-Engerlinge fressen Graswurzeln und verursachen besonders an Rasenflächen sichtbaren Schaden.
Der **Julikäfer** und der ähnliche **Gartenlaubkäfer** fressen gern an Rosenblüten und anderen Blüten.
Der **Maikäfer** erfreut sich großer Beliebtheit, kann aber bei zahlreichem Auftreten ein großer Schädling sein. Wegen der gezielten Bekämpfung ist er heute selten. Die Käfer umfliegen in der Abenddämmerung Laubbäume (vor allem Eichen), um an ihnen nicht nur zu fressen, sondern sich auch zu paaren.

Junikäfer

Julikäfer

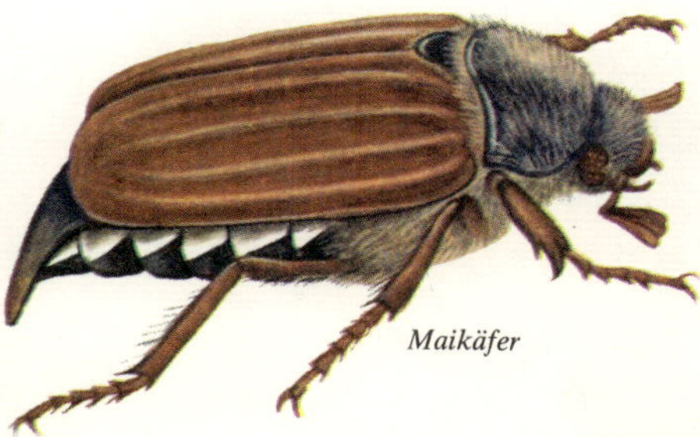

Maikäfer

Gartenlaubkäfer

Die meisten **Marienkäfer** können wir das ganze Jahr hindurch finden, da sie auch überwintern und bei Sonnenschein aus ihren Schlupfwinkeln hervorkommen. Im Sommer besteht ihre Nahrung aus Blattläusen.

Die **Kohlwanze** saugt mit ihrem Stechrüssel an Kohl und verwandten Pflanzen. Jungtiere haben nur Flügelstummel. Die Vorderflügel der ausgewachsenen Tiere sind in ihrer hinteren Hälfte dünnhäutig.

Das **Glühwürmchen** gehört zu den Käfern. Das wurmartige flügellose Weibchen lebt am Boden von Schnecken und anderen Kleintieren. Fliegen können nur die Männchen. Beide Geschlechter besitzen an der Bauchseite ein Leuchtorgan, mit dem sich die Partner anlocken.

Zweipunkt-Marienkäfer

Siebenpunkt-Marienkäfer

Kohlwanze

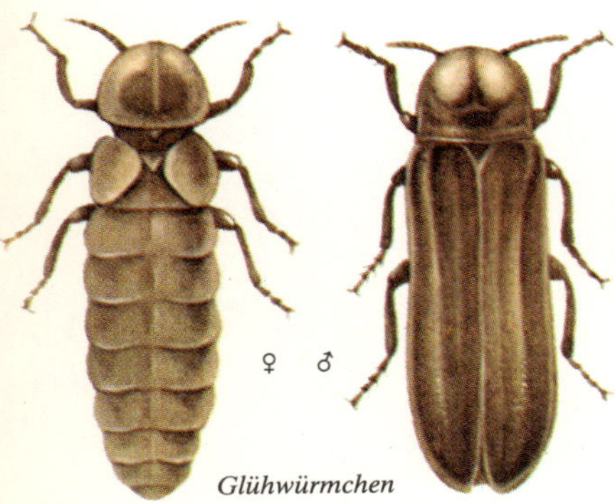

Glühwürmchen

Viele **Käfer** und andere Insektenarten, die heute in Wohnungen, Speisekammern und Vorratslagern lästig oder schädlich sind, lebten ursprünglich nur in warmen, trockenen Ländern, wo sie sich von Samen, Pflanzenresten oder tierischen Abfällen ernährten. In unseren Gebäuden finden sie meist ständig ein ähnliches Klima vor, wie es in ihrer Heimat zu bestimmten Zeiten herrscht, und Nahrung oft im Überfluß.

Der **Brotkäfer** (2,5 mm lang) kann in allen Nahrungsmitteln angetroffen werden.

Der **Pelzkäfer** (5 mm lang) befällt im Haus Teppiche und Kleidungsstücke, lebt aber auch im Garten in Blüten von Obstbäumen und Sträuchern.

Der **Speckkäfer** (7 mm lang) liebt tierische Produkte, wie Speck und Dauerwurst, oder ungegerbte Kaninchenfelle.

Der **Mehlkäfer** (1,5 cm lang) und seine Larve, der **Mehlwurm,** entwickeln sich leicht in Mehl und Teigwaren. Sie werden häufig als Futter für Stubenvögel und andere insektenfressende Heimtiere gezüchtet.

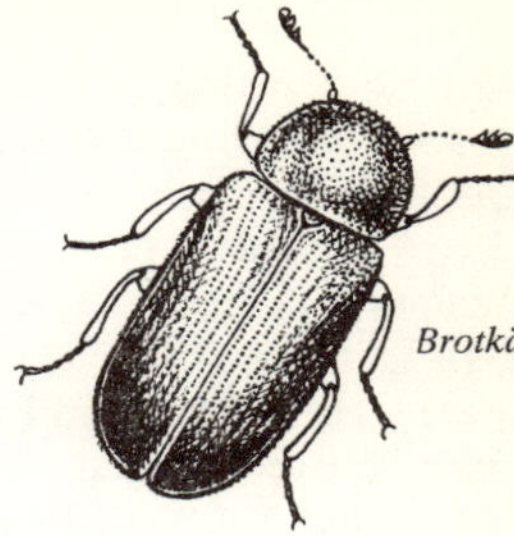

Brotkäfer

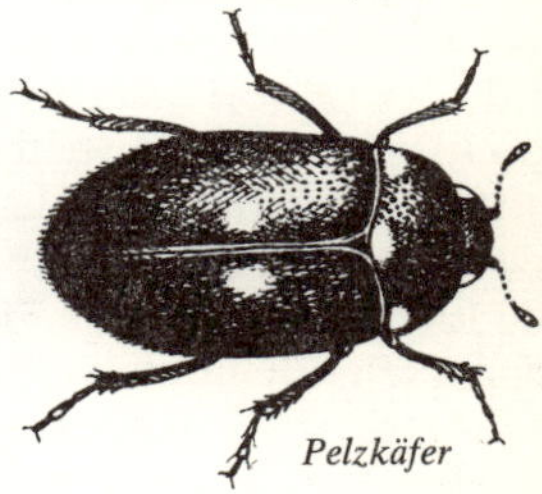

Pelzkäfer

Speckkäfer

Mehlkäfer

Mehlwürmer

Die **Stubenfliege** saugt mit ihrem ausstülpbaren Rüssel gern süße Flüssigkeiten auf. Ihre Eier aber legt sie an faulendes Pflanzenmaterial oder Müll. In nur 1 Woche entwikkeln sich Larven und Puppen zur nächsten Fliegengeneration.
Die **Blaue Schmeißfliege** oder der Blaue Brummer findet mit Hilfe des hervorragenden Riechvermögens aus weiter Entfernung tote Tiere, Fleisch oder Käse, um daran oft über 100 Eier abzulegen. Die Fliegenmaden lösen durch einen abgesonderten Saft die sie umgebende Nahrung auf und saugen sie in verflüssigtem Zustand auf. Auf diese Weise werden die Weichteile von Tierleichen schnell beseitigt.
Die **Goldfliege** lebt ähnlich wie die Schmeißfliege.
Die **Graue Fleischfliege** mit den ziegelroten Augen legt keine Eier, sondern schon lebende Larven an tote Regenwürmer und andere tierische Reste.

Stubenfliege

Blaue Schmeißfliege

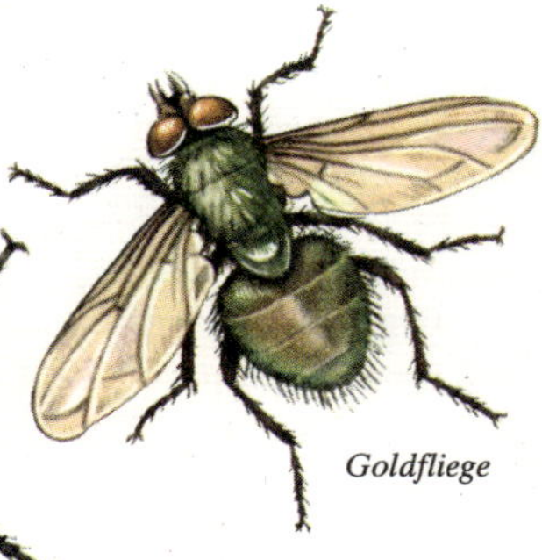

Goldfliege

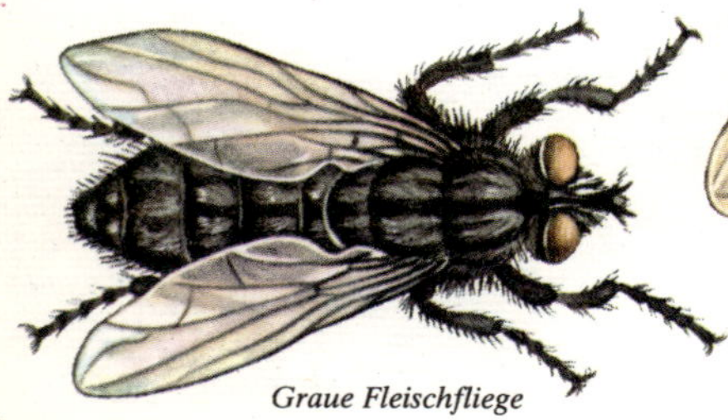

Graue Fleischfliege

Die **Florfliege,** ein zarter grüner Netzflügler mit goldfarbenen Augen, überwintert oft in Häusern und sitzt dann häufig an Fensterscheiben. Ihre Larven sind eifrige Blattlausjäger.

Blattläuse sind im erwachsenen Zustand entweder birnenförmig plump und flügellos oder schlank und 4flüglig. Sie saugen manchmal in großer Zahl an fast allen Pflanzenarten und können dadurch sehr unangenehme Schädlinge sein. Aber sie selbst werden von vielen anderen Tieren, wie Marienkäfern (s. S. 48, 56), Florfliegen und deren Larven, gefressen. Ihr zuckerhaltiger Kot dient Ameisen als Nahrung und Bienen zur Erzeugung von Blatthonig.

Die **Schwarze Wegameise** lebt nie einzeln, sondern stets in großen Gemeinschaften, den »Ameisenvölkern« oder »Ameisenstaaten«. Sie bestehen aus flügellosen Arbeiterinnen sowie geflügelten Männchen und Weibchen. Nach dem »Hochzeitsflug« sterben die Männchen, während die Weibchen ihre Flügel abwerfen, in einer Erdhöhlung ihre Eier legen und damit einen neuen »Staat« gründen.

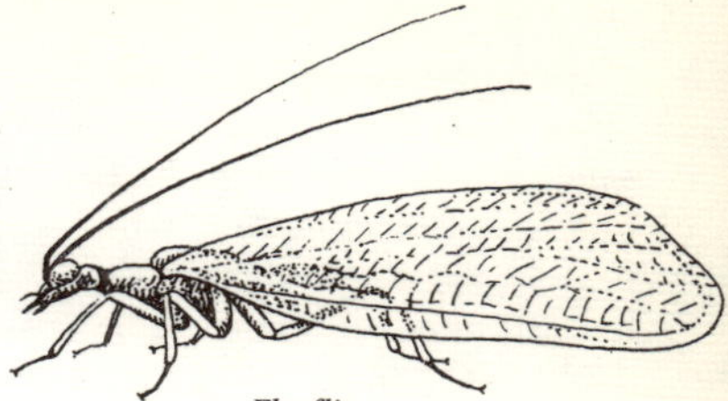

Florfliege

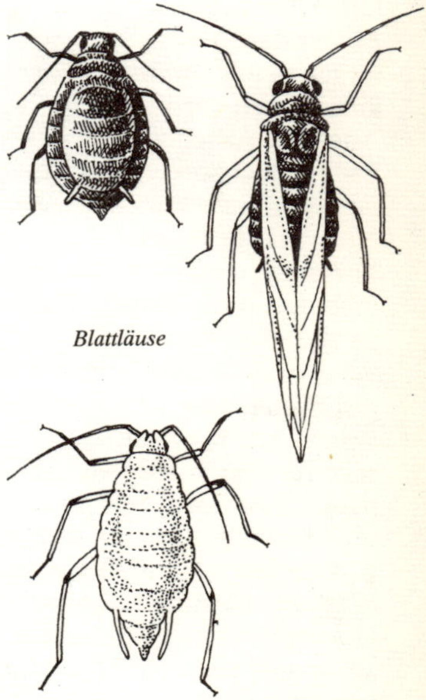

Blattläuse

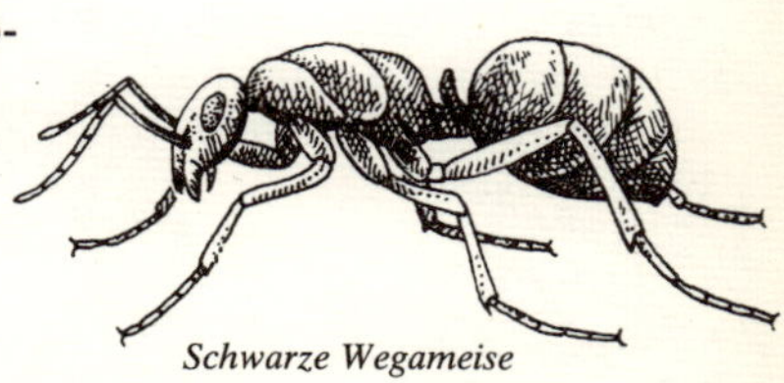

Schwarze Wegameise

Die **Honigbiene** wird schon seit alters vom Menschen zur Honiggewinnung genutzt. Außerhalb des Bienenstockes trifft man in der Regel nur die Arbeiterinnen. Fühlen sie sich bedroht, stechen sie den vermeintlichen Feind. Doch müssen sie danach sterben, weil der Stachel mit Widerhaken im Opfer festsitzt und bei der Flucht der Biene mit inneren Organen aus ihrem Leib herausgerissen wird.
Auch die Arbeiterinnen der **Erdhummel** können stechen, doch tun sie es selten. Viele Nutzpflanzen werden nur durch die rundlichen Hummeln mit ihrem langen Rüssel bestäubt.
Wespen sieht man im Sommer auf Blüten oder an einem Brett beim Abraspeln von Holzfasern für den Wabenbau. Wespen fressen nicht nur an Obst und Kuchen, sondern sie fangen auch Insekten. Die größte Wespenart ist die Hornisse.
Hornissen bauen ihre Waben aus einem papierartigen Material auch unter Haus- und Schuppendächern. Ihr Stich ist gefährlich, doch sind sie nicht angriffslustig, solange sie nicht beunruhigt werden.

Honigbiene

Erdhummel

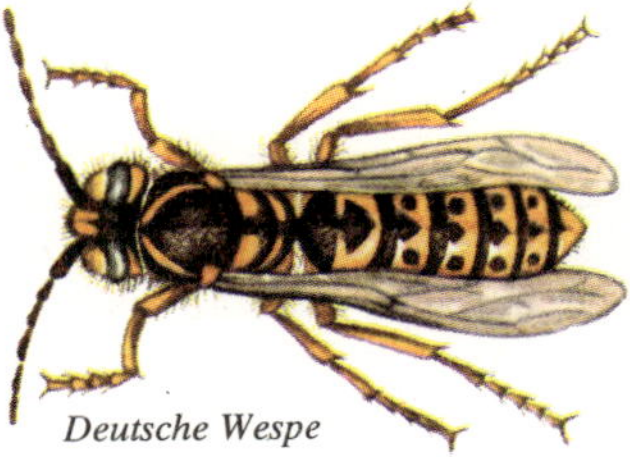
Deutsche Wespe

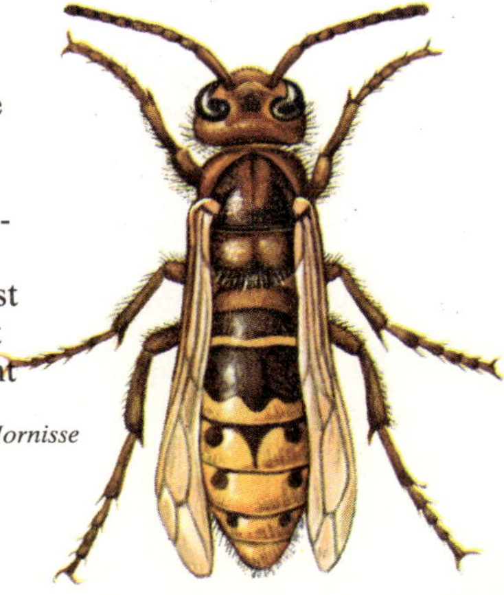
Hornisse

Admiral und **Distelfalter** sind Wanderfalter. Jedes Jahr im Frühling kommen sie aus Italien zu uns; hier pflanzen sie sich fort und sterben bald danach. Ihre Nachkommen, die im Sommer schlüpfen, können den Winter bei uns nicht überstehen.
Dem **Trauermantel** und dem **Tagpfauenauge** begegnet man mitunter schon im zeitigen Frühling, denn sie überwintern als Falter. Geeignete Pflanzen zur Eiablage zu finden ist für sie nicht schwer, denn die Raupen des Tagpfauenauges fressen am liebsten Brennesseln, die des Trauermantels Blätter von Weiden, Birken und Pappeln.

Admiral

Distelfalter

Trauermantel

Tagpfauenauge

Den **Kleinen Fuchs,** unseren häufigsten Tagfalter, sehen wir im Winter und im Frühling innen an Fenstern von Kellern und Fluren, da er gern im Haus überwintert. Die Raupen leben gesellig an Brennesseln.

Der **C-Falter** oder das Weiße C erhielt seinen Namen nach dem C-förmigen weißen Fleck auf der Unterseite der Hinterflügel.

Der **Mondvogel** ähnelt, wenn er tagsüber reglos an einem Baumstamm sitzt, einem abgebrochenen Birkenzweigstückchen. Seine Raupen fressen Blätter von Linden und Eichen, Birken und Pappeln.

Den großen **Ligusterschwärmer** findet man manchmal bewegungslos an einem Baum oder Zaun sitzend: Der Falter ist nachtaktiv. Seine Eier legt er einzeln an Flieder, Schneebeere oder Liguster (s. S. 18).

Kleiner Fuchs

C-Falter

Mondvogel

Ligusterschwärmer

Das Weibchen des **Kohlweißlings** legt seine Eier in dichten Häufchen an die Unterseite der Blätter von Kohlpflanzen. Die Raupen fressen unglaublich viel, es ist verständlich, wenn sie als Schädlinge bekämpft werden.

Goldafter-Weibchen fliegen erst in der Dämmerung und legen ihre Eier besonders an die Blätter und Knospen von Obstbäumen und Weißdorn (s. S. 14). Die gefräßigen Raupen werden wegen ihrer steifen Haare ungern von Vögeln gefressen (s. S. 73).

Die **Saateule** ist wie die meisten Eulenfalter ein unauffälliger graubrauner Nachtschmetterling. Ihre Larven, die düsteren fetten Erdraupen, fressen tagsüber in der Erde an Wurzeln und nachts überirdisch an Stengeln und Herzblättern von Möhren, Radieschen und Salat.

Der **Braune Bär** bekam seinen Namen nach der dicht behaarten Raupe, die an vielerlei Kräutern zu finden ist.

Kohlweißling ♀

Eigelege

Goldafter

Saateule

Brauner Bär

Maikäfer-Engerling

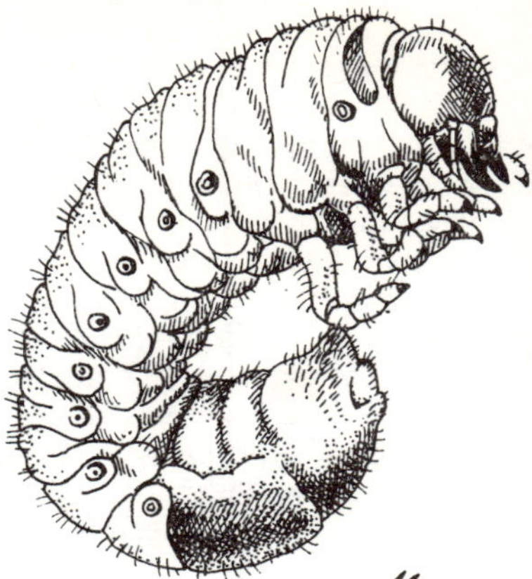

Den stets gekrümmten **Maikäfer-Engerling** findet man nur im Boden. Mit seinen kräftigen Mundwerkzeugen zernagt er sowohl zarte als auch dickere Wurzeln der verschiedensten Pflanzen. Nach 3jähriger Entwicklungszeit kann er 5 cm lang sein (s. S. 47 Maikäfer).
Die schlanken derben **Drahtwürmer,** die Larven von Schnellkäfern (s. S. 111, 177), leben ähnlich den Engerlingen mehrere Jahre in der Erde und zerfressen Pflanzenwurzeln aller Art.
Viele **Laufkäfer-Larven** sind ebenso flinke nächtliche Kleintierjäger wie die Käfer selbst (s. S. 46). Ihr Entwicklungskreislauf vom Käfer über Ei, Larve und Puppe wieder zum Käfer schließt sich innerhalb eines Jahres.
Die **Larve** des **Siebenpunkt-Marienkäfers** ernährt sich von Blattläusen und ist deshalb für uns Menschen sehr nützlich (s. S. 48 Marienkäfer).

Drahtwürmer

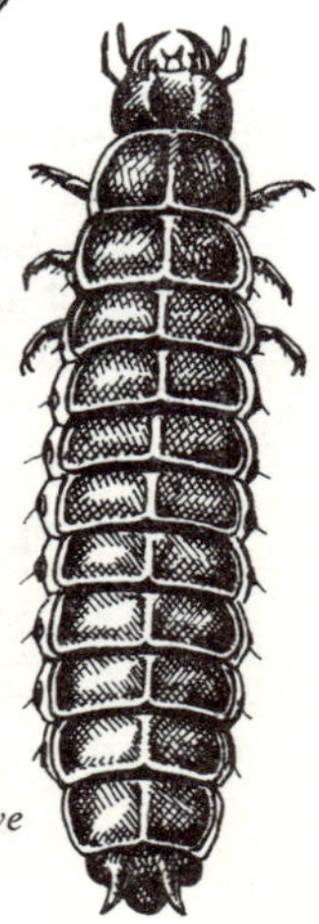

Laufkäfer-Larve

Larve des Siebenpunkt-Marienkäfers

Der **Feldsperling** unterscheidet sich vom Haussperling durch eine rotbraune Kopfoberseite und einen schwarzen Wangenfleck. Außerdem sehen die Männchen und Weibchen gleich aus. Der Feldsperling bewohnt gern Dörfer, kommt nicht in die Stadt und brütet nicht an Gebäuden.
Die **Haubenlerche** trippelt selbst in der Großstadt über magere Rasenflächen und andere freie Plätze. Mit dem Sperling kann man sie nicht verwechseln, denn sie hat eine spitze Federhaube, einen feinen Insektenfresserschnabel, sie hüpft nicht und singt wohlklingend.
Der **Haussperling** lebt fast nur in der Nähe des Menschen. In der Großstadt ist er oft unansehnlich, seine Färbung und Zeichnung kommt in gartenreichen Gegenden besser zur Geltung.

Feldsperling

Haubenlerche

♂

Haussperling

Der **Grünfink** oder Grünling fühlt sich in der Stadt fast ebenso wohl wie der Haussperling. Am Futterhäuschen im Winter vertreibt er ihn sogar. Das Nest wird in einem Straßenbaum oder im Blumenkasten auf dem Balkon gebaut.
Der **Gimpel** oder Dompfaff fällt vor allem im Winterhalbjahr auf. Durch seine sanften Lockpfiffe kann man ihn schnell finden und ihn in den unbelaubten Bäumen und Sträuchern nach Samen, Beerenkernen und Knospen suchen sehen.
Der **Kernbeißer** sieht auf den ersten Blick sperlingsähnlich aus, ist aber bedeutend größer und hat einen klobigen Schnabel. Mit ihm kann er Kirsch- und sogar Pflaumensteine aufknacken. Das Fruchtfleisch verschmäht er, liebt aber auch die Samen von Ahorn, Hainbuche sowie Knospen, Insekten und deren Larven.

Grünfink

Gimpel

♂

Kernbeißer

Den **Buchfink** beobachtet man häufig in Gärten und auf Straßenbäumen, wo im Frühling sein schmetternder »Finkenschlag« zu hören ist.
Der **Hänfling** beginnt im Frühjahr schon vor dem Laubaustrieb zu brüten. Deshalb baut er sein Nest meist in immergrünen Büschen oder Efeuwänden. Nur das Männchen trägt die rotbraune Brustzeichnung.
Der **Stieglitz** oder Distelfink sitzt meist auf Disteln, Kletten oder Nachtkerzen (s. S. 145), weil deren Samen seine Hauptnahrung bilden. In den Zweigen von Obst- und Straßenbäumen sucht er geschickt kletternd Blattläuse und andere Insekten.

Buchfink

♂

Hänfling

♂

Stieglitz

Der **Grauschnäpper** hat einen breiteren Schnabel und große Augen. Er fängt seine Beute häufig in der Luft. Die Vögel sind sehr zutraulich und lassen sich sogar beim Brüten oder Füttern der Jungen am Nest im Weinspalier oder am Schuppen aus nächster Nähe beobachten.

Die **Grasmücken** sind kleine lebhafte Gebüschbewohner. Sie fressen Insekten und anderes Kleingetier, wobei ihnen ihr feiner, spitzer Schnabel sehr nützlich ist. Die Männchen der einzelnen Arten lassen sich nach Aussehen und Gesang gut voneinander unterscheiden.

Grauschnäpper

Gartengrasmücke

♂

Klappergrasmücke

♂

Dorngrasmücke

♂

Die **Nachtigall** kann nur dort leben, wo in älteren großen Gebüschen eine reiche Kleintierwelt entstanden ist. Den Gesang des Männchens hört man besonders zur späten Abendstunde, wenn die anderen Singvögel schon schweigen.
Das **Rotkehlchen** ist noch abends in der Dämmerung geschäftig. Sein munteres Schnikkern und der perlende Gesang ertönt meist unter Bäumen im schattigen Gesträuch. Ein Teil der Rotkehlchen überwintert bei uns.
Der **Zaunkönig** hält sich viel in Bodennähe auf, wo er auch sein kugliges Nest mit seitlichem Eingang baut. Für den kleinen Vogel erstaunlich laut ist der wohlklingende schmetternde Gesang, der selbst im Winter zu hören ist.
Der **Gelbspötter,** ein recht oft vorkommender Gartenvogel, turnt lebhaft durch das Laub der Bäume. Der Gesang enthält vielerlei Nachahmungen: Türquietschen, Hühnerstimmen und andere Geräusche aus der Umgebung.

Nachtigall

Rotkehlchen

Zaunkönig

Gelbspötter

Der **Hausrotschwanz** huscht noch spätabends bei der Insektenjagd auf Dächern umher. Dabei fällt sein häufiges Knicksen und Schwanzzittern auf. Das Männchen ist unterseits nur schwarz und grau gefärbt. Das Nest findet man immer an Gebäuden.

Der **Gartenrotschwanz** hält sich hauptsächlich hoch in den Bäumen auf. Das Männchen ist zur Brutzeit an der weißen Stirn und der roten Brust zu erkennen, man darf es deshalb aber nicht mit einem Rotkehlchen (s. S. 61) verwechseln.

Die **Bachstelze** ist oft der erste Frühlingsbote unter den Zugvögeln. Wenn man sie bei der Insektensuche auf frisch umgegrabenen Gartenbeeten oder auf dem Hof beobachtet, versteht man gut, warum der auffällige Vogel in manchen Gegenden auch Ackermännchen oder Wippstert (»Stert« = Schwanz) heißt. Das Nest wird in Mauerlöchern oder unterm Dach von Gartenlauben und Schuppen gebaut.

Hausrotschwanz

Gartenrotschwanz

Bachstelze

Die **Blaumeise** ist auf dem Oberkopf hellblau gefärbt. Mit ihrem winzigen Schnabel nimmt sie kleinste Insekten, deren Puppen und Eier sowie Pflanzensamen auf. Am Futterhäuschen erscheint sie nicht so häufig wie die Kohlmeise, denn vom Vogelfutter kann sie höchstens die feinen Mohnsamen aufpicken.
Die **Kohlmeise** erkennt man an dem blauschwarzen Oberkopf und dem schwarzen Längsstrich über der gelben Brust. Im Nest in Baumhöhlen, Röhren oder Briefkästen zieht ein Pärchen meist 2mal im Jahr etwa 8 Junge auf.
Der **Kleiber** kann am Baumstamm auch kopfabwärts klettern. Wie die Meisen bleibt er im Winter hier.

Blaumeise

Kohlmeise

Kleiber

Die **Mehlschwalbe** nistet auch mitten in der Großstadt, wenn sie nur irgendwo in der Nähe das Material für ihr Nest finden kann: feuchten Schlamm oder Lehm. Das halbkuglige Nest mit dem runden Eingang wird immer an der Außenseite von Gebäuden, am Balkon oder unterm Dachrand angebracht.

Die **Rauchschwalbe** baut ihr napfförmiges Nest aus Lehm nur an überdachten und gut geschützten Stellen, am liebsten innerhalb von Gebäuden, im Stall oder in einer Futterküche. Man muß jedoch dafür sorgen, daß die Vögel jederzeit freien Zugang zum Nest und auch nach draußen haben.

Der **Mauersegler** sieht nur auf den ersten Blick den Schwalben ähnlich. Seine größere Gestalt mit den sichelförmigen Flügeln, die rauchschwarze Färbung und die lauten »Sri-sri«-Rufe unterscheiden ihn deutlich. Er brütet in unzugänglichen Mauerlöchern und ist nur von Mai bis Anfang August bei uns.

Mehlschwalbe

Rauchschwalbe

Mauersegler

Flugbild der Rauchschwalbe

Der **Grünspecht** ruft häufig sein weithin hallendes »Glückglückglück«. Im Winterhalbjahr ist er besonders gut zu beobachten. Beim Klettern am Stamm benutzt er wie alle Spechte seinen Schwanz als Stütze.

Der **Kleinspecht** ist nur sperlingsgroß. Das Männchen macht sich aber im Frühjahr durch sein schnelles Trommeln an Holzmasten oder dicken trockenen Ästen lautstark bemerkbar. Dieses Trommeln der Spechte dient wie der Gesang der anderen Vögel dem Fernhalten von anderen Männchen und dem Werben und Anlocken eines Weibchens.

Den **Kuckuck** meint wohl jeder zu kennen, jedoch meist nur nach den Rufen des Männchens. Das Weibchen ruft »kwickkwickkwick« oder heiser »hachhachhach«. Es sucht auch allein die Nester von Bachstelze, Gartenrotschwanz (s. S. 62), Gartengrasmücke (s. S. 60) oder Rotkehlchen (s. S. 61), um in einem günstigen Moment ein Ei hineinzulegen. Die Wirtsvögel brüten das fremde Ei mit aus und ziehen den jungen Kuckuck auf.

Grünspecht

Kleinspecht

♂

Kuckuck

Die **Amsel** gehört neben Sperling und Haustaube zu unseren häufigsten Stadtvögeln. Das Männchen beginnt im Frühling schon eine Dreiviertelstunde vor Sonnenaufgang von erhöhtem Sitzplatz aus seinen stimmungsvollen Gesang. Das napfförmige Nest wird niedrig in dichtem Gebüsch oder auf Gebäudevorsprüngen gebaut.

Der **Star** brütet in natürlichen Höhlen oder in Nistkästen. Sein Gesang besteht aus Pfeifen, Schnurren, Schnalzen und erklingt bei schönem Wetter leise auch im Herbst. Nach der Brutzeit vereinen sich die Vögel oft zu großen Schwärmen, die abends über ihren Schlafplätzen erstaunliche Flugspiele vollführen.

Die **Elster** baut ein korbförmiges überdachtes Nest in den Zweigen eines hohen Baumes. Sie ernährt sich sehr vielseitig von Früchten und Kleintieren, auch von Jungvögeln.

Amsel

Star

Elster

Saatkrähe

Die **Saatkrähe** fällt besonders im Winter auf, wenn sie morgens in die Gärten und auf die Rasenflächen der Stadt kommt und sich am Nachmittag zu riesigen Schwärmen vereint, um zum gemeinsamen Schlafplatz in hohen Bäumen eines Parks oder eines Waldes zurückzukehren.

Die **Dohle** erkennt man unter anderen Krähenvögeln an ihrer geringeren Größe, ihrem grauen Nacken und den hellen »Kjak«-Rufen. Als Höhlenbrüter bewohnt sie gern Kirchtürme und andere hohe, versteckreiche Gebäude.

Dohle

Die **Aaskrähe** kommt in 2 Formen vor: Während die **Rabenkrähe** schwarz gefärbt ist, hat die **Nebelkrähe** einen grauen Rumpf. Beide führen die gleiche Lebensweise. Sie sind Allesfresser, doch bevorzugen sie zur Brutzeit Eier und Jungvögel aller anderen Vogelarten. Die Rabenkrähe lebt vorwiegend in den Gebieten westlich der Elbe, die Nebelkrähe östlich davon.

Rabenkrähe

Nebelkrähe

Die heute in den Städten und Dörfern so häufige **Türkentaube** hat sich erst nach 1945 bei uns ausgebreitet; sie kam aus Südosteuropa und der Türkei. Ihre unauffällige Grundfärbung wird nur durch den schwarzen Nackenring und die weiße hintere Schwanzhälfte unterbrochen.
Die große **Ringeltaube** hält sich nur im Sommerhalbjahr bei uns auf. Ihre Halsseiten ziert ein weithin sichtbarer weißer Fleck. Wie die Türkentaube baut sie meist in einem Baum ein einfaches Nest aus wenigen Zweigstücken.
Die verwilderten **Haustauben** stammen von entflogenen Zuchttauben ab. Noch heute kann man an vielen von ihnen die Reste der Vielgestaltigkeit und Vielfarbigkeit der verschiedenen Haustaubenrassen erkennen. Haustauben bauen ihre Nester nur geschützt in und an Gebäuden.

Türkentaube

Ringeltaube

Haustauben

Der **Turmfalke** trägt seinen Namen zu Recht, doch bewohnt er auch andere hohe Gebäude, sofern sie guten Unterschlupf bieten. Seine Nahrung – vorwiegend Mäuse – holt er sich aber meist außerhalb der Ortschaften von den Feldern.

Die **Schleiereule** verdient unseren besonderen Schutz. Sie bewohnt Dachböden von alten Häusern, Scheunen und Kirchen, zu denen sie jederzeit freien Zugang benötigt. Verschlossene Bodenluken können für die eifrige Mäusefängerin den Tod bedeuten.

Der **Waldkauz** erreicht die Größe einer Krähe, wirkt aber, wenn er in der Dämmerung plötzlich auf dem Dach sitzt, durch den runden Kopf und die gedrungene Gestalt größer.

Die **Waldohreule** kann man manchmal an einem Herbst- oder milden Wintertag – oft in Gemeinschaft mit Artgenossen – in einem Nadelbaum des Gartens entdecken. Hier im Schlafbaum verbringt sie ruhig den Tag, um bei Einbruch der Dunkelheit die Mäusejagd zu beginnen.

Die rehbraune **Brandmaus** mit dem schwarzen Rückenstreifen bewohnt feuchte Stellen in Parks und großen Gärten, im Winter dringt sie auch in Scheunen und Keller ein.
Die graubraune **Hausmaus** kann nicht nur in allen Gebäuden, sondern auch im Freien angetroffen werden. Ihre Lebensweise gleicht der von Kindern gehaltenen Weißen Maus oder Labor-Maus, die man aus der Hausmaus gezüchtet hat.
Die überall verbreitete **Wanderratte** ähnelt in Aussehen und Lebensweise stark der Hausmaus, wird allerdings 3mal so lang und verursacht viel mehr Schäden. Ratten sind Allesfresser und überwältigen mitunter auch größere Tiere, wie Hühner oder Kaninchen. Sie können ausgezeichnet nagen und graben, klettern und springen, schwimmen und tauchen.
Die **Feldspitzmaus** gehört nicht zu den Nagetieren, sondern wie der Maulwurf zu den Insektenfressern. Ihre Nahrung – Insekten und Schnecken – sucht sie unter Hecken und alten Holz- und Steinhaufen. Katzen fangen und töten zwar Spitzmäuse, fressen sie aber wegen des unangenehmen Geruchs nicht.

Brandmaus

Hausmaus

Wanderratte

Feldspitzmaus

Der **Maulwurf** setzt uns immer wieder durch seine Grabeleistung in Erstaunen. Im Boden und in seinen Laufgängen findet er Regenwürmer und Insektenlarven, Pflanzen frißt er nicht.
Die **Wühlmaus** legt ein ähnliches Tunnelsystem wie der Maulwurf an, verursacht aber als Pflanzenfresser große Schäden an den Wurzeln der Obstbäume oder an Blumenzwiebeln.
Das **Wildkaninchen** bewohnt im Gegensatz zum Hasen einen selbstgegrabenen Erdbau, den es meist erst am Abend verläßt. Wenn der Schnee Gräser und Kräuter bedeckt, nagt es die Rinde der erreichbaren Zweige von Sträuchern und Bäumen ab.
Der **Igel** hält einen echten Winterschlaf, den er aber nur übersteht, wenn er gut ernährt ist und sein Versteck nicht zerstört wird.

Maulwurf

Wühlmaus

Wildkaninchen

Igel

Das **Eichhörnchen** erscheint, wenn es nicht verfolgt wird, gern in Menschennähe, um so leicht an Nahrung zu gelangen. Neben allerlei pflanzlicher Kost frißt es auch Eier und junge Singvögel.
Der **Iltis** jagt auch in Dörfern und Vorstädten in der Nacht neben anderem Getier Mäuse und Ratten.
Steinmarder ziehen ihre Jungen häufig auf Dachböden von Stall- und Wohngebäuden auf. Ihre Anwesenheit ist manchmal unüberhörbar, wenn die Halbwüchsigen unvorsichtig und übermütig spielend umhertoben. Steinmarder ernähren sich von Ratten und Mäusen, wilden Haustauben, Amseln und Sperlingen.

Eichhörnchen

Iltis

Steinmarder

Eine **Galle** entsteht durch verändertes Wachstum eines Pflanzenteils, in das ein gallenauslösendes Insekt oder anderes Tier ein Ei gelegt hat. Das Pflanzengewebe umwuchert das Ei in je nach Tierart typischer Form. Das Innere der Galle bietet der Larve ausreichend Nahrung und Schutz.
Die **Rosengalle** oder der »Schlafapfel« entsteht aus einer Heckenrosenknospe und beherbergt die Larve der Rosen-Gallwespe. Die bohnenförmige **Blattgalle** auf einem Weidenblatt enthält die Larve einer kleinen Gall-Blattwespe.
Die »Made« im Apfel ist die **Larve des Apfelwicklers,** eines kleinen Schmetterlings. Er legt im Mai an die Blüte des jungen Apfels ein Ei. Die daraus schlüpfende Larve bohrt sich in das Innere der Frucht und frißt die Kerne. Den Abfall transportiert sie durch Gänge nach außen. Ist die Nahrung aufgebraucht, verläßt sie den Apfel und verpuppt sich.
Das **Winternest der Goldafter-Raupen** in den Zweigspitzen von Obstbäumen und Weißdorn spinnen jeweils rund 20 Räupchen aus einem Eigelege gemeinsam und überwintern darin (s. S. 55 Goldafter-Schmetterling).

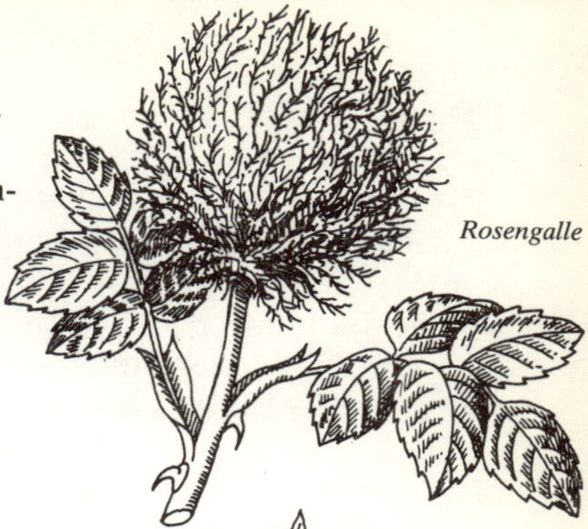

Rosengalle

Weidenblattgalle

Larve des Apfelwicklers

Winternester der Goldafter-Raupen

Pflanzen und Tiere im Wald

Ursprünglich war Mitteleuropa fast völlig von Urwäldern bedeckt. Heute nehmen die Wälder nur noch ein Viertel der Landesfläche ein, und der Mensch bestimmt, welche Baumarten in ihnen wachsen dürfen. Doch die übrigen Pflanzen können sich fast unbeeinflußt entfalten, denn im Wald wird nicht gepflügt, gemäht oder geweidet.

Nach der Wuchshöhe der verschiedenen Pflanzen kann man im Wald eine Baumschicht, eine Strauchschicht und eine Krautschicht unterscheiden. Blätter und Nadeln, Zweige und Stämme der Bäume vermindern das Licht, so daß unter ihnen, in der Strauch- und in der Krautschicht, nur Schattenpflanzen gedeihen können.

Die Bäume dämpfen aber auch den Wind und die Austrocknung, Kälte und Hitze – daher herrscht im Wald ein mildes, ausgeglichenes Klima.

Den Tieren bietet der Wald reichhaltige Nahrung und vielfältige Wohn- und Versteckmöglichkeiten. Sogar die großen Hirsche und Wildschweine finden in ihm ausreichend Schutz.

Vögel sind am leichtesten zu beobachten, auch wenn sich einige von ihnen eher durch ihre Stimme oder – wie die Spechte – durch ihre Arbeitsgeräusche bemerkbar machen.

Sehr artenreich ist die Insekten- und Kleintierwelt. Doch bekommen wir den größten Teil davon, besonders die Nachttiere und die Bewohner der Wipfel, der Rinde, des Holzes oder des Bodens, nicht zu Gesicht.

Dem Menschen dient der Wald nicht allein als Erholungsgebiet und Rohstofflieferant von Holz und Harz. Auch als Regler eines gesunden Klimas, als Wasserspeicher und Windschutz ist er unentbehrlich.

Die **Wald-Kiefer,** unser häufigster Nadelbaum, gedeiht gut auf trockenen, sandigen Böden. Ihre paarweise angeordneten Nadeln werden bis 8 cm lang. Die eiförmigen Zapfen (»Kienäpfel«) bleiben im 1. Jahr noch grün und reifen erst im 2. Jahr.

Die Nadeln der **Schwarz-Kiefer** sind wie die der Wald-Kiefer paarweise zusammengefaßt, werden aber doppelt so lang. Auch die Zapfen werden größer und länger. Diese Kiefernart gedeiht auf sehr trockenen und felsigen Böden.

Bei der **Weymouths-Kiefer** sitzen die 6 bis 12 cm langen Nadeln zu fünft; der längliche Zapfen wird 10 bis 15 cm lang. Diese anspruchslose Baumart wurde im 18. Jahrhundert durch den Engländer Weymouth aus Nordamerika eingeführt.

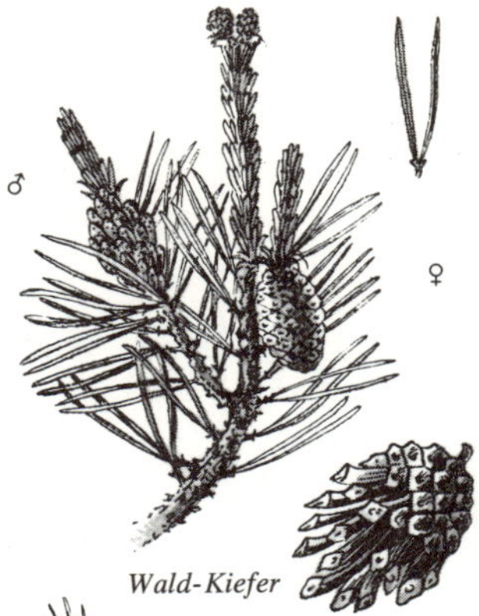

Wald-Kiefer

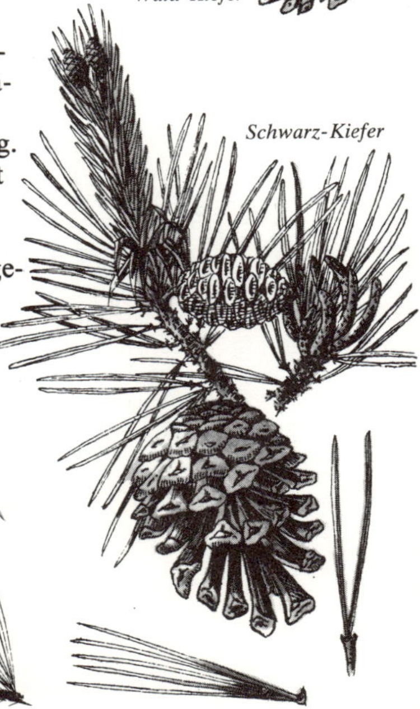
Schwarz-Kiefer

Weymouths-Kiefer

Die **Fichte** wird manchmal fälschlich »Tanne« genannt; auch der Weihnachts-»Tannenbaum« ist meist eine Fichte. Die 1 bis 2 cm langen spitzen und 4kantigen Nadeln sitzen auf einer raspelartig rauhen Zweigoberfläche. Die langen, schmalen Fichtenzapfen hängen und fallen als Ganzes ab. Unser zweithäufigster Nadelbaum mit den kerzengeraden Stämmen und der spitzen Baumkrone liefert wertvolles, leicht zu bearbeitendes Bauholz.

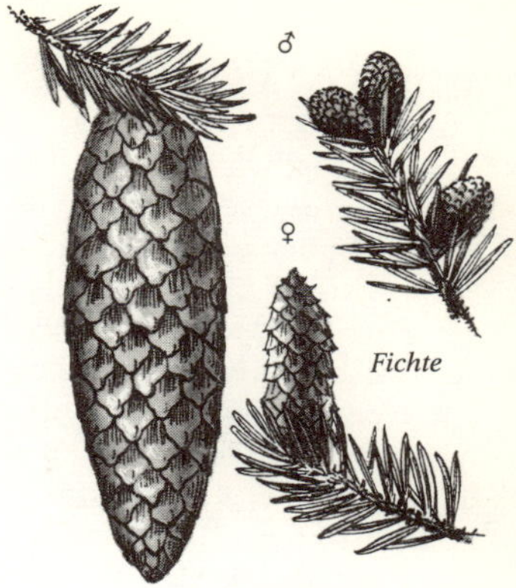

Fichte

Die **Douglasie** besitzt 2 bis 3 cm lange flache Nadeln mit 2 weißen Längsstreifen auf der Unterseite. Die Nadeln duften angenehm nach Apfel oder Apfelsine (»Apfelsinen-Tanne«). Die Heimat des immergrünen Baumes ist Nordamerika.

Douglasie

Die **Lärche** wirft ihre hellgrünen, weichen und zu Büscheln zusammengefaßten Nadeln in jedem Herbst ab. Die kleinen eiförmigen Zapfen bleiben dagegen 2 bis 3 Jahre am Zweig.

Lärche

Bei der **Stiel-Eiche** sitzen die Früchte, die Eicheln, an einem langen Stiel, während die Blätter nur kurzgestielt sind. Alte Bäume haben einen gewaltigen Hauptstamm mit grober, rissiger Borke und knorrigen, waagerecht abstehenden Ästen. Unseren germanischen Vorfahren galten alte Stiel-Eichen als heilig. Das gelblichbraune Holz wird gern für Möbelfurniere und den Bootsbau verwendet.

Stiel-Eiche

Die Eicheln der **Trauben-Eiche** sitzen in kleinen Trauben zu 2 bis 5 Früchten ungestielt am Zweig. Dagegen haben die Blätter 1 bis 3 cm lange Stiele. Die Äste streben meist schräg nach oben. Das Holz ist sehr wertvoll und dauerhaft.

Trauben-Eiche

Die Blätter der nordamerikanischen **Rot-Eiche,** die sich im Herbst leuchtend rot färben, haben im Gegensatz zu den heimischen Eichen spitz gezähnte Lappen. Die kurzen rundlichen Eicheln sitzen sehr tief in ihrem Becher.

Rot-Eiche

Die **Rot-Buche** bildet auf kalkhaltigem Boden ausgedehnte tiefschattige Wälder. Sie ist unser häufigster Laubbaum, der festes, rötliches Holz liefert. Die 3kantigen Früchte, »Bucheckern«, reifen in einem stachligen Becher und fallen im Herbst zu Boden. Viele Tiere ernähren sich von ihnen. Für den Menschen sind sie schwach giftig.
Die **Hainbuche** oder Weißbuche liefert sehr hartes weißes Holz. Ihr Stamm erscheint oft gedreht, die Rinde ist immer glatt und weißgrau.
Die anspruchslose Hänge- oder **Weiß-Birke** erkennt man schon von weitem an ihrer weißen Rinde, der untere Teil des Stammes trägt schwarze Risse und Flecke. Die dünnen Zweige hängen an ihrem Ende etwas über. Schon im Spätsommer sind die männlichen Hängekätzchen zu sehen, blühen aber erst im Frühjahr auf, sobald auch die weiblichen Kätzchen erschienen sind.

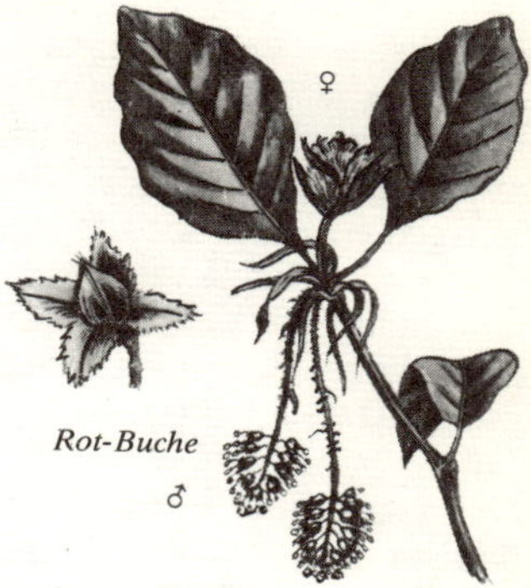

Rot-Buche

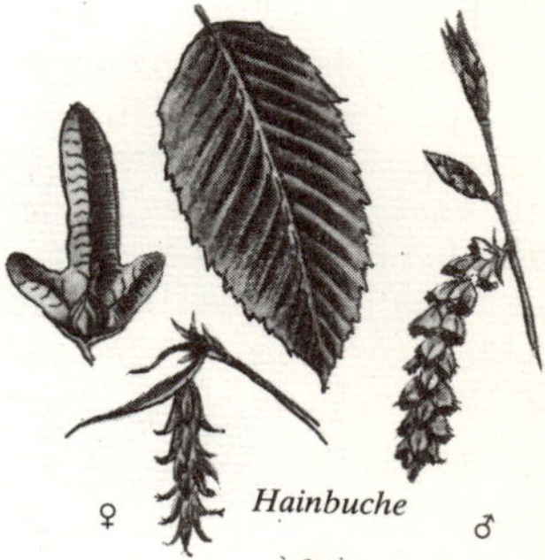

Hainbuche

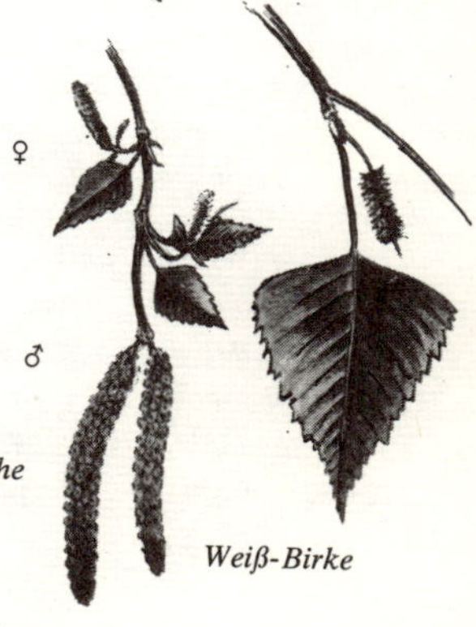

Weiß-Birke

Knospen der Rot-Buche

Der anspruchslose **Spitz-Ahorn** gedeiht auch an schattigen Stellen. Die 5lappigen Blätter haben gerundete Buchten und spitz auslaufende Zipfel. Die aufrechten hellgrünen Blütentrauben erscheinen noch vor dem Laub. Die paarweise aneinandergehefteten Früchte tragen waagerecht abstehende Flügel.

Der **Berg-Ahorn** kommt besonders im Berg- und Hügelland vor, er liebt feuchtes Klima. Seine 5lappigen Blätter sind an den Spitzen abgerundet, und die gelbgrünen Blütentrauben sind nach unten geneigt. Die Flügel der paarigen Früchte weisen schräg abwärts. Das weiße Holz ist sehr begehrt für Musikinstrumente, Parkettböden und feine Tischlerarbeiten.

Die **Eberesche** oder der Vogelbeerbaum hat eschenähnlich gefiederte Blätter und trägt im Herbst üppige Dolden leuchtend roter »Vogelbeeren«. Während Drosseln und viele andere Vögel die beerenförmigen Früchte sehr schätzen – besonders im Winter –, sind sie für den Menschen ungenießbar bitter. Die Eberesche ist anspruchslos und gedeiht fast überall.

Der bis 6 m hohe **Haselnuß-Strauch** fällt im zeitigen Frühjahr durch die männlichen Hängekätzchen-Blüten auf. Die weiblichen Blüten sind unscheinbar knospenähnlich. Nur aus ihnen entwickeln sich die in einem glockenförmigen Fruchtbecher sitzenden Nüsse. Vor etwa 10000 Jahren war unser Land fast völlig von Haselnuß-Gebüschwäldern bedeckt. Nach der Ausbreitung anderer Baumarten besiedelt die Haselnuß vorwiegend Wald- und Wegränder.

Die **Waldrebe** ist eine echte Liane: sie klettert bis 15 m hoch in Bäume hinein. Halt findet sie mit ihren Blättern, deren Stiele sich um die Unterlage wickeln. Der Hauptstengel der Pflanze ist so reißfest, daß er in früheren Zeiten oft als Seilersatz verwendet wurde.

Der **Hopfen** kann sich an Erlen, Eschen und anderen Bäumen feuchter Stellen bis in 6 m Höhe hinaufwinden. Seine Stengel haften auf der Unterlage mit Hilfe feiner Häkchen. Die zapfenähnlichen weiblichen Blütenstände enthalten ein würziges Aroma, das man – von auf Feldern angebauten Pflanzen gewonnen – dem Bier beigibt.

Die Hohe oder **Wald-Schlüsselblume** hielt man früher für zauberkräftig, aus dieser Zeit stammt auch ihr Name. Die hellgelben Blüten sitzen zu einer Dolde vereint auf einem 20 bis 30 cm hohen Stengel. Die länglichen runzligen Blätter bilden eine Rosette.

Das **Gelbe Windröschen** ähnelt dem Busch-Windröschen, doch blüht es gelb statt weiß und besitzt nur 5 statt 6 Blütenblätter.

Das **Busch-Windröschen** bedeckt im zeitigen Frühjahr oft weithin den Boden im Laubwald. Das frühe Austreiben ermöglicht ein dicker unterirdischer, waagerecht wachsender Trieb. Er allein überlebt, da bereits im Frühsommer die oberirdischen Pflanzenteile dieser Anemonenart absterben.

Wald-Schlüsselblume

Busch-Windröschen

Gelbes Windröschen

Den **Siebenstern** trifft man in schattigen Wäldern auf saurem Boden. Die 10 bis 20 cm hohe Pflanze trägt meist nur einen 7teiligen Blütenstern.
Die **Echte Sternmiere** liebt lichte, trockene Laubwälder und Waldränder. Hier öffnet sie bei Sonnenschein ihre weißen sternförmigen Blüten. Am 20 bis 30 cm hohen Stengel sitzen gegenständig schmale Blätter.
Der **Wald-Sauerklee** ist trotz der kleeähnlich 3teiligen Blätter kein Klee, wie die 5strahlige rötlichweiße Blüte zeigt. Die Blätter der nur 10 bis 15 cm hohen Pflanze reagieren auf Berührung: sie klappen ihre Fiederblättchen innerhalb von 5 Minuten abwärts an den Stiel.

Siebenstern

Wald-Sauerklee

Echte Sternmiere

Die **Einbeere** ist unverwechselbar durch die regelmäßige Anordnung der 4 kreuzweise gestellten Blätter, über deren Mitte sich die einzige Frucht, eine kirschgroße, schwarze giftige Beere, erhebt. Die Einbeere kommt in feuchten, dunklen Wäldern vor.

Der **Aronstab** hat pfeilförmige, breite dunkelgrüne Blätter. Eigenartig ist der Blütenstand: ein hellgrünes Hüllblatt umschließt einen Kolben, dessen braunrote Spitze sichtbar bleibt. Durch Duft angelockte Insekten kriechen in die Tüte hinein, wo sie die am unteren Teil des Kolbens sitzenden Blüten bestäuben.

Die **Haselwurz** gedeiht in schattigem Laubwald und Gebüsch des Hügellandes. Die dunkelgrünen, glänzenden nierenförmigen Blätter sind meistens wintergrün. Die braunrote, tiefsitzende Blüte wird oft übersehen.

Einbeere

Aronstab

Haselwurz

Das **Schattenblümchen** wird bis zu 15 cm hoch. Über 2 herzförmigen Blättern erhebt sich der Blütenstand mit 10 bis 20 winzigen weißen Blüten. Die roten Beeren sind wie die ganze Pflanze giftig.
Das **Maiglöckchen** breitet sich durch unterirdische Ausläufer aus und bedeckt mit seinen dunkelgrünen Blättern oft weithin den Waldboden. Alle Teile der Pflanze, auch die stark duftenden Blüten und die roten Beeren, sind giftig.
Bei der **Weißwurz** – auch Salomonssiegel – sprießen aus dem unterirdischen Ausläufer bis 80 cm lange überhängende Stengel hervor. An ihnen sitzen wechselständig eiförmige zugespitzte Blätter. Aus den weißen hängenden Blütenglöckchen gehen schwarzblaue giftige Beeren hervor.

Schattenblümchen

Maiglöckchen

Weißwurz

Die 30 cm hohe **Frühlings-Platterbse** blüht schon im April und Mai. Ihre Blütenfarbe verändert sich von Purpurrot über Blau bis zu Blaugrün.

Der **Hohle Lerchensporn** blüht im April oder Mai und ist im Hochsommer schon wieder verschwunden; nur die hohle Knolle und der Samen überdauern. Die purpurroten oder violetten Blüten haben einen rückwärts gerichteten Sporn und sitzen zu 10 bis 20 in einer aufrechten Traube.

Das **Lungenkraut** diente früher als Mittel gegen Husten und andere Lungenerkrankungen. Seine trichterförmigen Blüten wechseln ihre Farbe von Rot zu Blauviolett.

Frühlings-Platterbse

Lungenkraut

Hohler Lerchensporn

Das **Immergrün** breitet zahlreiche Ausläufer am Boden aus. Seine ledrigen Blätter sind auch im Winter grün. Die blauen Blüten erscheinen im April und Mai.
Das nichtduftende **Wald-Veilchen** wird bis 20 cm hoch und entwickelt einen Stengel, von dem Blätter und Blüten ausgehen.
Hellblau bis violett blüht das **Leberblümchen** im zeitigen Frühjahr. Seine 3lappigen lederartigen Blätter erscheinen erst nach der Blüte. Es liebt kalkhaltigen Boden unter schattigem Laubwald.

Immergrün

Leberblümchen

Wald-Veilchen

Die violettroten Blüten der **Großen Händelwurz** besitzen einen über 1 cm langen nektargefüllten Sporn. Der Vanilleduft lockt besonders Tagfalter an. Diese bis 50 cm hohe Orchidee wächst auf Waldlichtungen über kalkhaltigem Boden.

Die **Breitblättrige Stendelwurz** gedeiht nur auf feuchten Lehmböden von Au- und anderen Laubwäldern. Die äußeren Blütenblätter sind grünlich, die inneren rotviolett gefärbt. Die ähnliche Schwarzrote Stendelwurz oder Strandvanille findet sich auch in Kiefernwäldern der Küste.

Das etwa 50 cm hohe **Rote Waldvöglein** blüht im Mai und Juni in lichten Wäldern auf Kalkboden. Die gewölbten Blütenblätter bleiben knospenartig zusammengeneigt.

Große Händelwurz

Breitblättrige Stendelwurz

Rotes Waldvöglein

Durch seine Farbenpracht lockt der **Hain-Wachtelweizen** besonders Hummeln an: über den goldgelben Blüten sind alle Pflanzenteile blauviolett gefärbt. Der Hain-Wachtelweizen entzieht mit Hilfe von Saugwurzeln anderen Pflanzen Nährstoffe.

Der blaßgelbe blattlose **Fichtenspargel** wächst auf verwesenden Nadeln auch in sehr dunklem Nadelwald-Dickicht. Die Blüten in der seitlich überhängenden Traube werden von Bienen aufgesucht.

Die 20 cm hohe blaßrötliche **Schuppenwurz** findet man von März bis Mai blühend unter Laubbäumen. Sie besitzt keine Blätter. Ihre Nährstoffe entzieht sie den Wurzeln von Buchen, Erlen oder Haselsträuchern.

30 bis 40 cm hoch wird die **Nestwurz,** eine blattlose Orchidee mit braunen Blüten. Ihre Nährstoffe entnimmt sie Pflanzenresten, die durch ein Pilzgeflecht zersetzt werden.

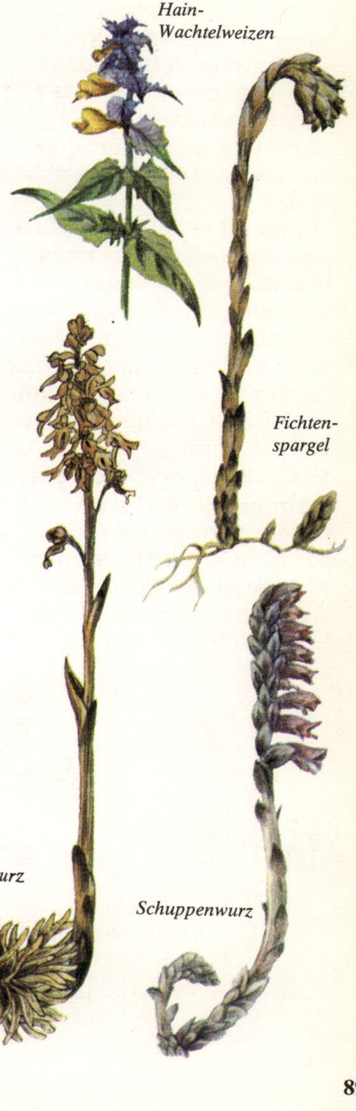

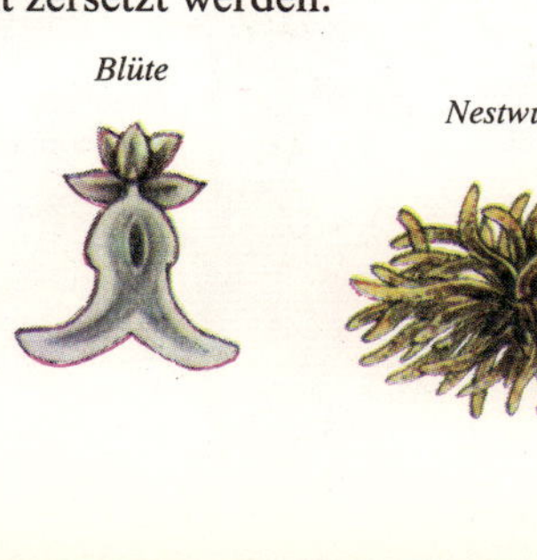

Die **Pfirsichblättrige Glockenblume** findet man an trockenen, warmen Waldrändern und -lichtungen. Der etwa 60 cm hohe schlanke Stengel trägt nur wenige 3 cm lange und ebenso breite himmelblaue Blüten.
Die etwa 1 m hohe **Nesselblättrige Glockenblume** bevorzugt feuchte Laubwälder. Durch den kantigen, borstigen Stengel und die rauhhaarigen Blätter wirkt die Pflanze brennesselartig. Die bis 4 cm langen 5zipfeligen Blütenglocken sind blauviolett gefärbt.
Die 15 bis 30 cm hohe **Rundblättrige Glockenblume** wächst in hellen, trockenen Wäldern, auf Lichtungen und Wiesen. Nur die Blätter am Grunde des zierlichen Stengels sind rundlich, die übrigen dagegen schmal und länglich.

Pfirsichblättrige Glockenblume

Nesselblättrige Glockenblume

Rundblättrige Glockenblume

Das über 1 m hohe **Schmalblättrige Weidenröschen** oder Feuerkraut ist typisch für offene, kahle Flächen des Waldes, besonders für Brandstellen. Im Hochsommer locken seine purpurroten Blütenkerzen vor allem Bienen an. Die schotenförmigen Früchte entlassen wenig später stark behaarte Samen.
Der **Rote Fingerhut** bevorzugt Waldränder und Kahlschläge auf saurem Boden im Hügel- und Bergland. Am über 1 m hohen Stengel erblühen im Juni zuerst die unteren Blüten, im August zuletzt die obersten. Die Pflanze bildet im 1. Jahr nur eine Blattrosette, erst im 2. Jahr kann sie blühen.
Der **Großblütige Fingerhut** blüht hellgelb und benötigt kalkhaltigen Boden. Er steht unter Naturschutz.

Schmalblättriges Weidenröschen

Roter Fingerhut

Großblütiger Fingerhut

Das **Hain-Kreuzkraut** in den Wäldern des Hügellandes wird über 1 m hoch. Die hellgelben Korbblütenstände setzen sich aus zahlreichen Röhrenblüten und nur 5 Zungenblüten zusammen.
50 cm hoch wird das **Wald-Habichtskraut.** Der Stengel trägt etwa 10 gelbe Korbblütenstände und höchstens 1 Blatt. Die übrigen Blätter bilden an seinem Grunde eine Rosette.
Den **Wolligen Hahnenfuß** kennzeichnen die abstehende rauhe Behaarung der ganzen Pflanze und die orangegelben einzelnen Blüten. Er wächst auf feuchtem Boden.

Hain-Kreuzkraut

Wald-Habichtskraut

Wolliger Hahnenfuß

Die **Taubnesseln** haben brennnesselähnliche, aber nicht brennende, »taube« Blätter. Diese stehen sich am 4kantigen Stengel immer paarweise gegenüber. Die Lippenblüten sitzen quirlartig am Stengel und werden von Bienen und Hummeln bestäubt.
Die **Gefleckte Taubnessel** kann bis 80 cm hoch werden und ist damit die größte unserer Taubnesseln. Die Unterlippen der hellpurpurfarbenen Blüten sind gefleckt.
Die **Goldnessel** hat gelbe Blüten und wird 40 bis 50 cm hoch. Die **Weiße Taubnessel** blüht weiß.

Gefleckte Taubnessel

Weiße Taubnessel

Goldnessel

Der **Waldmeister** blüht im Mai und bevorzugt lichte Buchenwälder. Am 30 cm hohen 4kantigen Stengel sitzen quirlartig je 6 bis 8 Blätter. Aus den kleinen weißen Blüten im doldenähnlichen Blütenstand gehen rundliche Klettfrüchte hervor, die mit kleinen hakigen Borsten besetzt sind und leicht an Tier und Mensch haftenbleiben.

Das blaugrüne **Wald-Labkraut** wird etwa 80 cm hoch. Es blüht im Juli und August und hat weiße Blüten.

Das 20 bis 30 cm hohe **Wald-Bingelkraut** bedeckt in schattigen Laubwäldern manchmal große Flächen. Seine Blüten sind unscheinbar gelbgrün.

Waldmeister

Wald-Bingelkraut

Wald-Labkraut

Der Blaubeer- oder **Heidelbeer-Strauch** liefert nicht nur die wohlschmeckenden vitaminreichen Beeren, sondern auch ausreichende Winternahrung für Hirsche.
Die nur 20 cm hohe **Preiselbeere** gedeiht in trockenen Nadelwäldern. Der immergrüne Zwergstrauch trägt rote Beeren.
Das holzige **Heidekraut** liebt Licht und nährstoffarmen sauren Boden. Als in früheren Jahrhunderten durch das weidende Vieh und anderen Raubbau der Wald zu stark gelichtet wurde, konnte es sich großflächig ausbreiten.
Die **Wald-Erdbeere** kann Kahlschläge oder andere freie Stellen im Wald schnell besiedeln. Dazu dienen die langen Ausläufer und die zahlreichen, außen auf der Erdbeere sitzenden Samen.

Heidelbeere

Preiselbeere

Wald-Erdbeere

Heidekraut

Der **Adlerfarn** bildet in Wäldern auf Sandboden oft riesige bis 1,5 m hohe Bestände, die vielen Wildtieren Schutz bieten. Einzelne Wedel können 3 bis 4 m lang werden.

Der **Wurmfarn** kommt in schattigen feuchten Wäldern häufig vor. Seine etwa 1 m langen Blattwedel sind trichterartig auf dem Wurzelstock angeordnet. Auf der Unterseite der gefiederten Wedel befinden sich in großer Zahl braune Sporenbehälter. Ähnlich sieht der ebenfalls häufige Wald-Frauenfarn aus.

Der kleine, bis 30 cm hohe **Tüpfelfarn** kommt auf trockenem, sandigem oder felsigem Boden vor. Die lederartigen, nur einfach gefiederten Wedel vertragen trockenere Luft besser als die großen feingegliederten Farne. Der süße Wurzelstock wurde früher zu verschiedenen Heilmitteln verarbeitet, weshalb die Pflanze volkstümlich auch Engelsüß heißt.

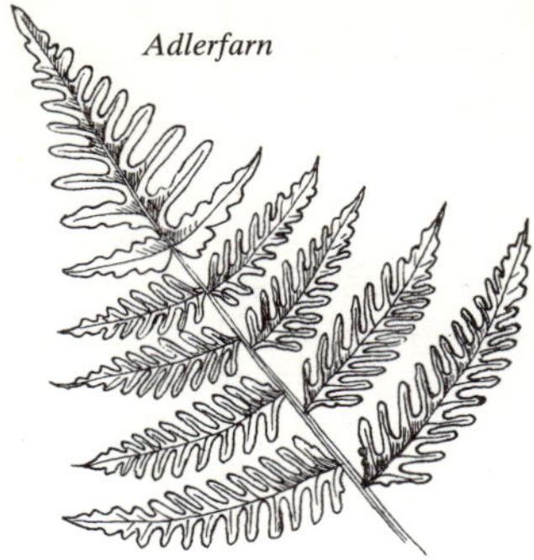

Adlerfarn

Wurmfarn

Tüpfelfarn

Das **Polstermoos** oder Weißmoos finden wir als runde bläulichgrüne Polster am Boden von Nadelwäldern.
Das **Torfmoos** bildet auf nassen Stellen schwammige Polster. Die einzelnen Pflänzchen wachsen stetig weiter nach oben, während die unteren Teile allmählich absterben. Sofern sie untergetaucht bleiben und sich nicht zersetzen können, werden sie zu Torf.
Die **Schildflechte** sitzt häufig auf Zweigen und Rinde von Waldbäumen und bildet hellgraue blatt- oder lappenartige Beläge.
Die **Bartflechte** entwickelt sich bei hoher Luftfeuchtigkeit auf Nadelbaumzweigen, die sie nur als Unterlage benutzt. Flechten wachsen langsam.

Polstermoos

Torfmoos

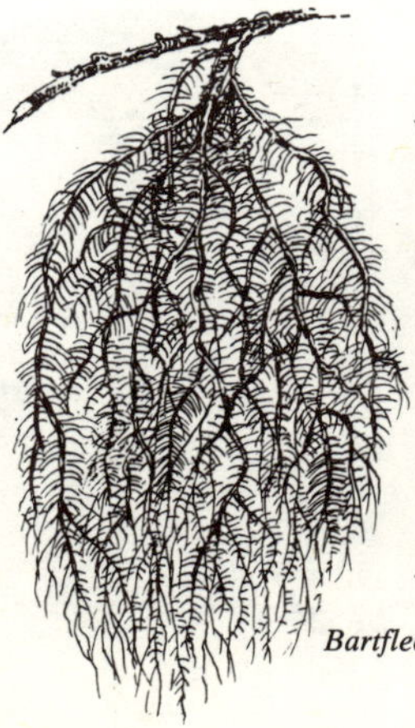

Bartflechte

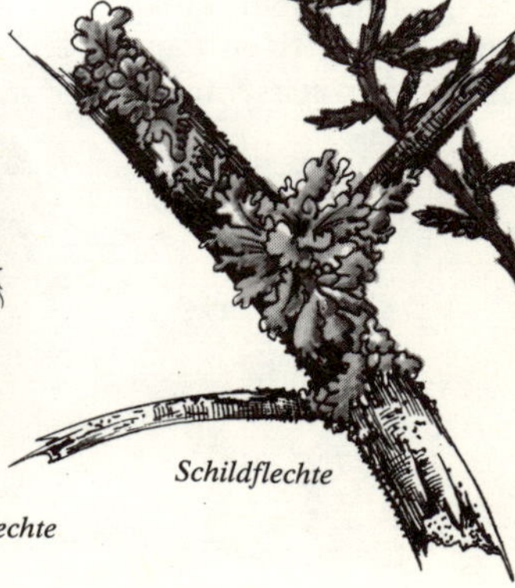

Schildflechte

Der eßbare **Schirmpilz** ist der größte heimische Blätterpilz, der schlanke Stiel kann 40 cm Höhe und der schirmähnliche Hut 30 cm Durchmesser erreichen. Man findet ihn auf grasigem Waldboden oder an Waldrändern.
Der giftige **Fliegenpilz** ist einer unserer auffälligsten Pilze. Die weißen Punkte auf dem roten Hut sind Reste der Hüllhaut, die den jungen Pilz umgab. Sie können durch starken Regen abgewaschen werden.
Der **Grüne Knollenblätterpilz** ist der gefährlichste Giftpilz. Schon häufig wurde er durch Leichtsinn oder oberflächliche Betrachtung mit anderen Pilzen verwechselt. Sein Hut ist grünlich gefärbt, der Stiel trägt einen Ring und steckt mit seiner Fußknolle in einer sackartigen Hülle.
Der **Perlpilz** ist eßbar, aber leicht mit dem giftigen Pantherpilz zu verwechseln.

Schirmpilz

Fliegenpilz giftig

Grüner Knollenblätterpilz tödlich giftig

Perlpilz

Den eßbaren **Hallimasch** findet man an Baumstubben, manchmal auch an lebenden Bäumen. Er ist erkennbar an den dunklen Schüppchen auf dem Hut und dem weißlichen Ring am Stiel.
Das eßbare bräunliche **Stockschwämmchen** hat einen schuppigen Stiel und einen glatten Hut.
Der giftige **Grünblättrige Schwefelkopf** hat einen schwefelgelben glatten Hut mit rötlichbrauner Mitte. Auch er sprießt aus dem Holz alter Stubben und Wurzeln hervor.
Der eßbare **Austern-Seitling** ist oberseits blaugrau, unterseits weiß und hat einen kurzen dicken Stiel. Er wächst im Herbst und Winter an totem Holz noch lebender Laubbäume.

Hallimasch

Stockschwämmchen

Austern-Seitling

Grünblättriger Schwefelkopf giftig

Der gleichmäßig gelbe **Pfifferling** ist einer der beliebtesten Speisepilze. Alte Redewendungen (keinen Pfifferling wert sein) beziehen sich auf sein früher massenhaftes Vorkommen und den deshalb geringen Kaufpreis.

Der **Falsche Pfifferling** unterscheidet sich vom echten durch den dünneren Stiel und die orangefarbene Unterseite des Hutes. Er ist nicht giftig, aber wertlos.

Der **Kahle Krempling** hat einen braunen Hut mit eingetiefter Mitte und eingekrempeltem Rand. Er ist giftig.

Der **Wollige Milchling** bildet große weiße trichter- oder schüsselartige Fruchtkörper mit kurzem dickem Stiel. Der ungenießbare Pilz enthält einen weißen Milchsaft.

Pfifferling

Falscher Pfifferling

Kahler Krempling giftig

Wolliger Milchling ungenießbar

Der rötlichgelbe **Echte Reizker** enthält einen möhrenfarbigen Milchsaft. Der eßbare Pilz gedeiht im Nadelwald an grasigen Stellen.
Der **Grünling** ist durchweg gelbgrün gefärbt, nur die Hutmitte ist braun. Man findet den eßbaren Pilz in sandigen Kiefernwäldern.
Es gibt sehr viele **Täublings-**Arten, manche sind giftig, andere eßbar. Sie sind meist schwer zu unterscheiden. Wenn man sie nicht ganz genau kennt, sollte man sie nicht sammeln.
Der brennend scharfschmekkende kirschrote **Spei -Täubling** ist giftig.
Der fleischrote **Speise-Täubling** ist eßbar.

Echter Reizker

Grünling

Speise-Täubling

Spei-Täubling giftig

Der begehrte **Steinpilz** gedeiht oft an Waldrändern und -wegen. Sein hell- oder dunkelbrauner Hut wird bis 25 cm breit, der Stiel trägt ein weißliches Netzmuster.

Der sehr bittere ungenießbare **Gallen-Röhrling** ist dem Steinpilz täuschend ähnlich. Doch sind seine Röhren an der Hutunterseite weißlich-rosa, und das Netzmuster auf dem hellen Stiel ist dunkel.

Die eßbare **Ziegenlippe** hat eine trockene, samtartige Oberhaut, die Röhren sind goldgelb. Häufig dient sie einem anderen Pilz als Nahrung: Ein weißlich-gelber Schimmelpilz durchdringt und überzieht die Ziegenlippe, wodurch sie ungenießbar wird.

Der schmackhafte **Maronen-Röhrling** trägt unter dem kastanienbraunen Hut gelbgrüne Röhren, die sich bläulich verfärben, wenn sie gedrückt werden. Der Pilz kommt vor allem in Kiefernwäldern vor.

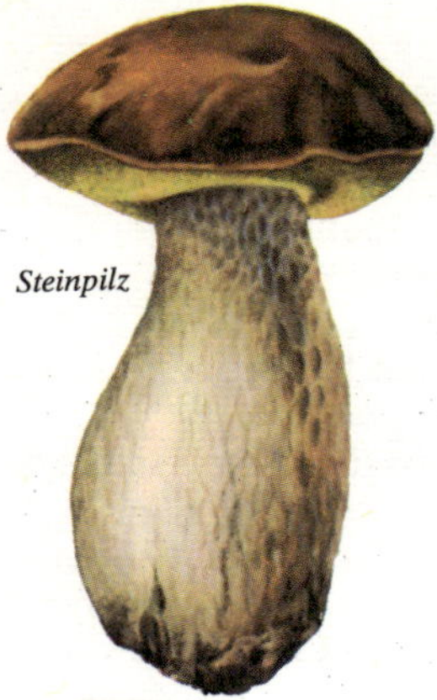

Steinpilz

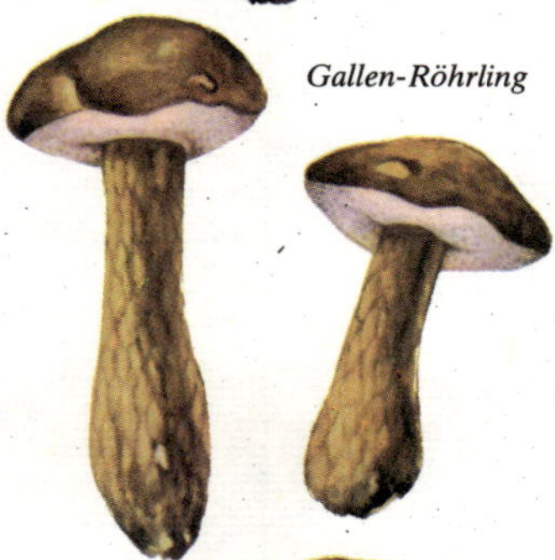

Gallen-Röhrling

Ziegenlippe

Maronen-Röhrling

Der eßbare **Butterpilz** (Name wegen seines zarten buttergelben Fleisches) steht auf gelbem Stiel, der einen Ring trägt. Der braune Hut ist mit einer schleimigen Haut überzogen.
Den häufigen **Rotfuß-Röhrling** erkennt man an der Färbung seines Stieles und an der zerrissenen braunen Hutoberfläche. Er ist eßbar.
Der eßbare **Birkenpilz** gedeiht unter Birken. Sein weißer mit meist kleinen schwärzlichen Flocken besetzter Stiel ähnelt einem Birkenstamm.
Die ebenfalls eßbare **Rotkappe** findet man am Waldrand unter Zitter-Pappeln (s. S. 10). Bis auf ihre gelbrote Hutoberfläche ähnelt sie sehr dem Birkenpilz.

Butterpilz

Rotfuß-Röhrling

Rotkappe

Birkenpilz

Der eßbare **Sand-Röhrling** hat kleine dunkle Schüppchen auf seinem gelblichen Hut sowie olivbräunliche Röhren. Man findet ihn vorwiegend in Kiefernwäldern.
Der weiche gummiartige **Kuhpilz** (jung brauchbar) wächst oft massenhaft im sandigen Kiefernwald. Seine olivbraunen Röhren haben sehr weite Öffnungen.
Die überwiegend giftigen **Hexen-Röhrlinge** und Satans-Röhrlinge sind kräftige Pilze mit roten Röhren und meist rotem Stiel. Sie kommen besonders unter Eichen und Buchen vor.
Beim **Semmelpilz** (jung eßbar) sind oft mehrere der festen Fruchtkörper büschelartig miteinander verwachsen. Der Name bezieht sich auf die semmelfarbene, bei älteren Pilzen rissige Hutoberfläche.

Sand-Röhrling

Kuhpilz

Semmelpilz

Hexen-Röhrling

Wenn der große feste Fruchtkörper des **Schuppen-Porlings** (jung eßbar) aus Laubbäumen oder Stubben hervorwächst, hat sein Pilzgeflecht schon weite Teile des Holzes durchzogen und zerstört.
Der lederartige **Schmetterlings-Porling** (ungenießbar) erscheint sehr häufig auf Laubbaumstubben.
Der **Schwefel-Porling** (jung eßbar) durchdringt das Holz toter und lebender Laubbäume. Die massigen, unregelmäßigen Fruchtkörper sind leuchtend schwefelgelb.
Der **Echte Zunderschwamm** (ungenießbar) zerstört das Holz von Buchen und Birken. Jedes Jahr bildet der Fruchtkörper an seiner Unterseite eine neue Röhrenschicht, so daß man an der Zahl der Schichten sein Alter feststellen kann.

Schuppen-Porling

Schmetterlings-Porling

Echter Zunderschwamm

Schwefel-Porling

Die Frühjahrs- oder **Gift-Lorchel** findet man im April und Mai in jungem Kiefernwald. Der krause, wulstig gefaltete Hut ist rot- bis schwarzbraun.
Die **Speise-Morchel** wächst im Frühjahr unter Laubbäumen. Ihr gelbbrauner zerbrechlicher Hut hat eine wabenartig gekammerte Oberfläche.
Die **Orangerote Koralle** oder der Ziegenbart (jung eßbar) ist einer der häufigsten Korallenpilze, zu denen viele verschieden gefärbte, giftige und eßbare Arten gehören.
Die **Krause Glucke** oder Fette Henne (jung eßbar) erinnert in Gestalt und Größe an einen Blumenkohl. Der wachsartige, bröcklige gelbliche Fruchtkörper erscheint im Herbst am Fuße alter Kiefern.

Gift-Lorchel
giftig

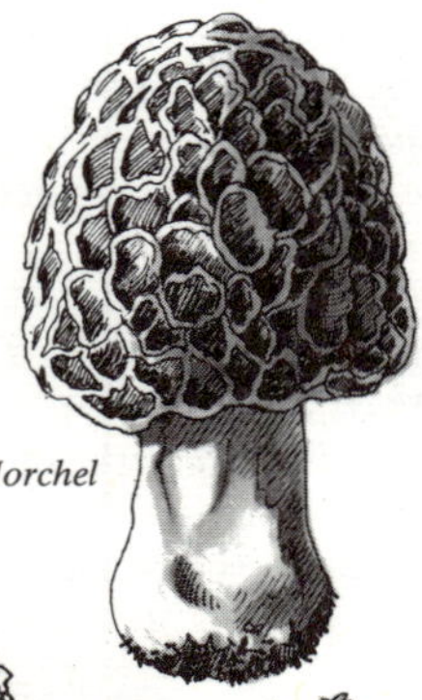

Speise-Morchel

Krause Glucke

Orangerote Koralle

Die ungenießbare **Stink-Morchel** ist unverwechselbar durch ihre schlanke aufrechte Gestalt und den aasartigen Geruch. Die dadurch angelockten Insekten nehmen mit dem schwarzgrünen Schleim am Hut auch die winzigen Pilzsporen auf und verbreiten die Stink-Morchel auf diese Weise.
Der runde, stiellose **Kartoffelbovist** ähnelt äußerlich einer Kartoffel. Sein Fleisch ist zuerst weiß, wird später blauschwarz und zerfällt zu feinem Sporenstaub, der giftig ist.
Den weißen, flaschen- oder birnenförmigen **Flaschenbovist** (eßbar, wenn innen noch weiß) findet man an grasigen Wald- und Wegrändern. Das Innere verwandelt sich in Millionen winziger Pilzsporen, die zur Reifezeit aus einer Öffnung des Fruchtkörpers herausstäuben.
Ein **Erdstern** besteht aus einer bovistartigen Innenkugel und einer Außenhaut, die sternförmig aufreißt und deren Zipfel sich bei trockener Luft nach außen krümmen.

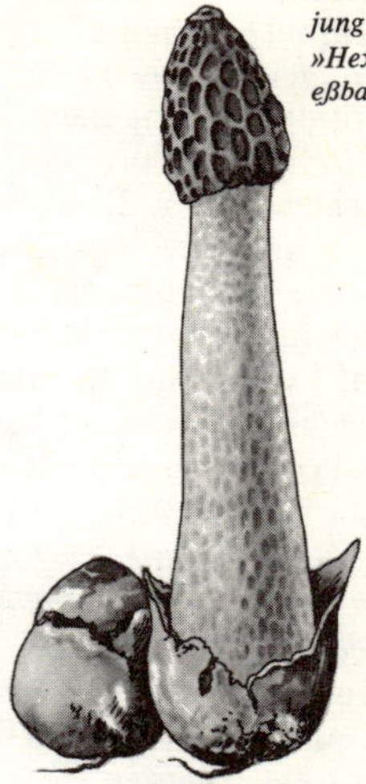

Stink-Morchel jung als »Hexenei« eßbar

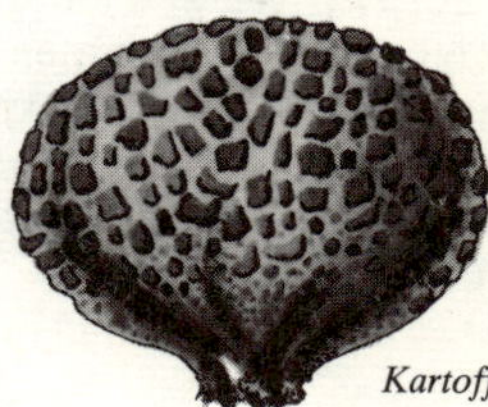

Kartoffelbovist giftig

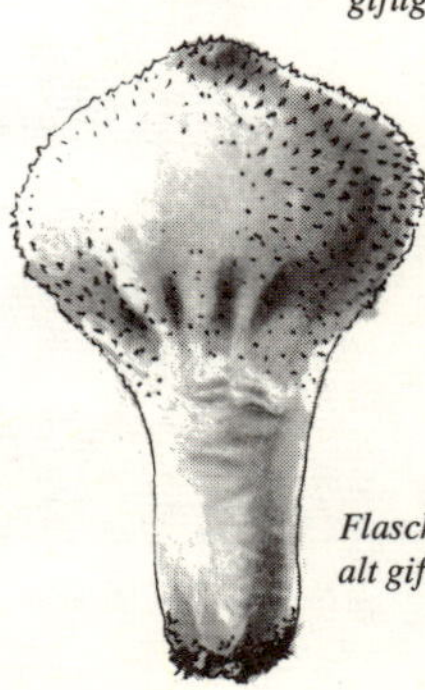

Flaschenbovist alt giftig

Gewimperter Erdstern

Schließmundschnecken und der Steinpicker leben häufig an alten Buchenstämmen oder Baumstümpfen. Das flache, linsenförmige Gehäuse des **Steinpickers** hat an der äußersten Windung eine deutliche Kante. Die **Schließmundschnecke** oder Erdschraube kann ihr 1 cm hohes, turmförmiges Gehäuse mit einer kleinen Kalkplatte verschließen. Die **Rote Wegschnecke** und die **Schwarze Wegschnecke** sind 2 Farbvarianten derselben Art. Sie kriechen besonders bei feuchtem Wetter umher, wenn keine Gefahr der Austrocknung besteht. Werden sie beunruhigt, sondern sie einen zähen Schleim ab, der den Angreifer abschrecken soll. Die Wegschnecken werden über 10 cm lang und sind Allesfresser.

Steinpicker

Schließmundschnecke

Rote Wegschnecke

Schwarze Wegschnecke

Der 2 cm große, orangerot gebänderte **Totengräber** unterwühlt kleine Tierleichen, die dadurch allmählich im Erdboden versinken. Aus dem vergrabenen Aas bereitet das Käferweibchen einen Nahrungsbrei, mit dem es seine aus den Eiern geschlüpften Nachkommen füttert.
Der schwarze **Aaskäfer** (bis 1,7 cm lang) ernährt sich vorwiegend von toten Insekten und Regenwürmern.
Die **Rothalsige Silphe** (1,5 cm lang) und der **Totenfreund** (1 cm) finden sich am Aas ein, um davon zu fressen und ihre Eier daran abzulegen.
Den blauschwarz glänzenden **Mistkäfer** trifft man häufig auf Wegen und am Kot von Hirschen oder Rehen. Unter dem Kothaufen gräbt er schräg in die Erde führende Brutgänge für ein Ei und einen Kotballen als Nahrung für die später schlüpfende Larve. So wird der Kot schnell verteilt und zersetzt.

Totengräber

Aaskäfer

Rothalsige Silphe

Totenfreund

Mistkäfer

Der flinke 1,6 cm lange **Wald-Sandläufer** jagt auf sonnigen, sandigen Kiefernwaldwegen im schnellen Lauf Fliegen, Spinnen oder Raupen. Bei Gefahr erweist er sich als guter Flieger.
Groß ist die Zahl der **Laufkäfer**-Arten. Die meisten können nicht fliegen, sind aber flinke Läufer, jagen vorwiegend nachts und überwältigen Insekten, Würmer, Schnecken und andere Kleintiere.
Der **Lederlaufkäfer** wird bis 4 cm lang. Er jagt meist nachts Schnecken und Regenwürmer. Seine Flügeldecken sind miteinander verwachsen, er ist dadurch flugunfähig.
Die **Kurzflügler** sind meist kleine schmale Käfer, deren kurze Flügeldecken nur einen kleinen Teil des langen Hinterleibes überdecken. Bei Beunruhigung krümmen die Käfer ihren Hinterleib drohend empor. Auch die Kurzflügler sind flinke Räuber, die sich aber mehr in der Bodenstreu des Waldes aufhalten.

Wald-Sandläufer

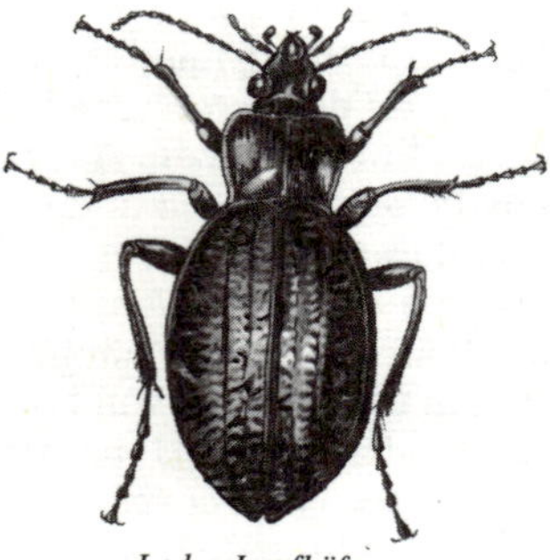

Leder-Laufkäfer

Kurzflügler

Der **Erlenblattkäfer** glänzt metallisch schwarzblaugrün oder violett und wird 6 bis 7 mm lang. Oft frißt eine große Zahl dieser rundlich-ovalen Käfer an Blättern von Erlen oder anderen Pflanzen und verursacht dadurch Schaden.

Der 1 cm große **Pappelblattkäfer** mit den ziegelroten Flügeldecken frißt an Pappel- und Weidenblättern.

Den **Schwarzen Schnellkäfer** (1 cm lang) findet man im Sommer auf Gebüsch an Waldrändern. Bei Gefahr läßt er sich fallen und bleibt bewegungslos meist auf dem Rükken liegen. Nach einiger Zeit schnellt er plötzlich mit einem knipsenden Geräusch in die Höhe und landet wieder auf den Beinen. Die Larven, die Drahtwürmer, fressen an Pflanzenwurzeln (s. S. 56).

Der **Rote Schnellkäfer** (bis 1,5 cm lang) ist an Doldenblüten oder anderen Pflanzen anzutreffen, besonders aber an alten Kiefernstubben. Die Larven fressen Mulm, später auch kleine Insektenlarven.

Erlenblattkäfer

Pappelblattkäfer

Schwarzer Schnellkäfer

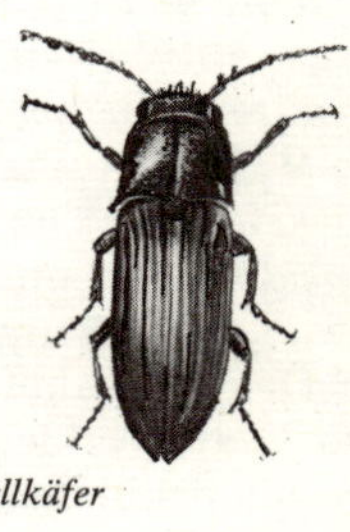

Roter Schnellkäfer

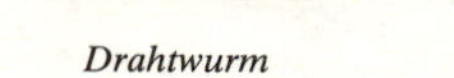

Drahtwurm

Der schwarze **Waldbock** (1,5 bis 2 cm lang) wird von frisch gefällten Nadelbäumen, aber auch vom Geruch mancher Anstrichfarben angelockt. Er fliegt in den Sommermonaten. Wird er angefaßt, versucht er zu beißen.
Der **Mulmbock** ist ein sehr großer (bis 5 cm langer) dunkelbrauner Käfer, den man im Sommer besonders um die Mittagszeit auch fliegen sehen kann. Seine Larven leben im Mulm alter Nadelholzstubben.
Der etwa 3 cm große rotbraune **Nashornkäfer** hält sich wie die Larven meist in Kompost-, Sägemehl- oder Rindenhaufen auf. Den Kopf des Männchens ziert ein gebogenes Horn, das Weibchen hat nur ein Höckerchen.
Der **Hirschkäfer** ist die größte einheimische Käferart, doch können die Längen sehr unterschiedlich sein: 2,5 bis 7,5 cm! Die Männchen haben geweihartig gestaltete riesige Oberkiefer, während sie bei den kleineren Weibchen unauffällig entwickelt sind. Die Nahrung, Baumsäfte, wird mit der pinselförmigen Unterlippe aufgeleckt. Der Hirschkäfer bewohnt Eichenwälder, im Mulm alter Stubben entwickeln sich die Larven.

Waldbock

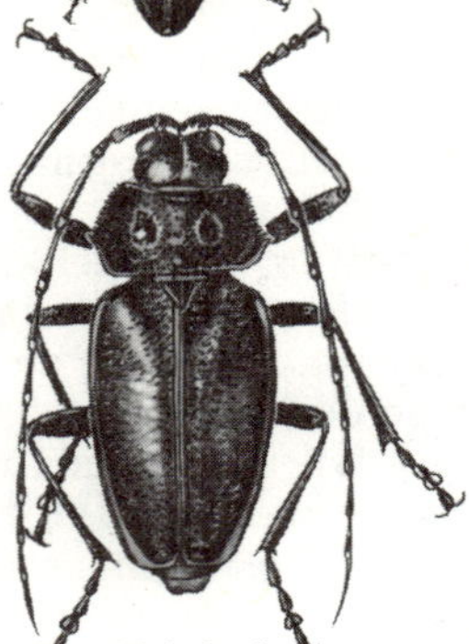

Mulmbock

Nashornkäfer ♂

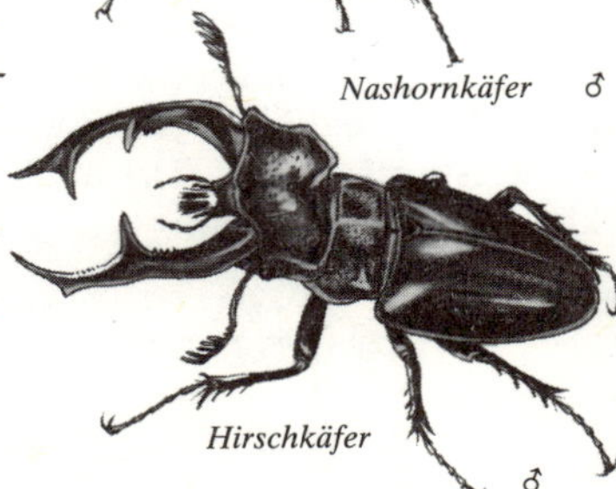

Hirschkäfer ♂

Der Zimmerer oder **Zimmermannsbock** wird 1,5 bis 1,8 cm lang, doch die Fühler der Männchen werden etwa 5mal so lang! Die Käfer sitzen oft schon im Frühjahr an Kiefernstubben oder geschlagenen Holzstämmen.

Der **Große Eichenbock**, auch Heldbock oder Spießbock, wird bis 5 cm lang, hinzu kommen die gewaltig langen Fühler. Er fliegt während des Sommers in den Abendstunden in der Nähe alter Eichen.

Vom metallisch blaugrün- oder violettglänzenden **Moschusbock** (bis 3 cm lang) geht ein starker Duft nach Moschus aus. Man sieht den Käfer häufig an alten Pappeln und Weiden.

Der **Zangenbock** (1 bis 2 cm lang) sitzt bei sonnigem Wetter auf frisch geschlagenem Holz oder unter dessen Rinde.

Zimmermannsbock

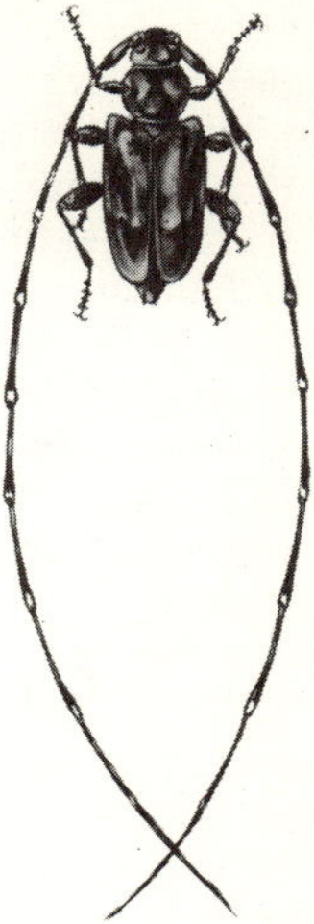

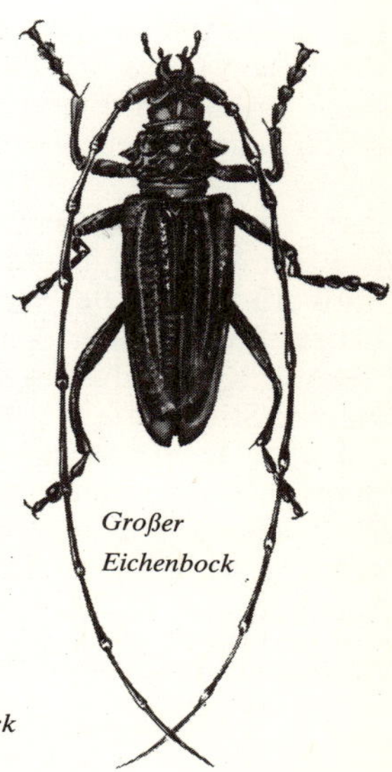

Großer Eichenbock

Zangenbock

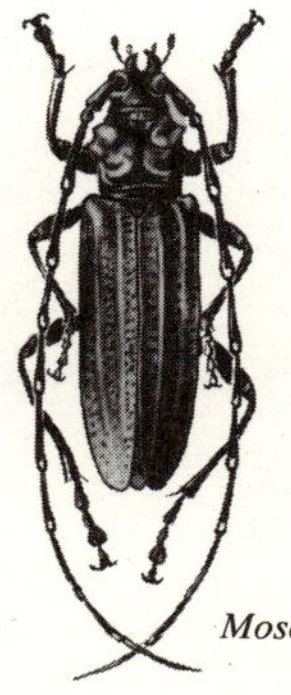

Moschusbock

Der **Große Kiefernrüßler** ist der größte unserer zahlreichen Rüsselkäferarten; er wird bis zu 1,4 cm lang. Wie alle seine Verwandten ist er reiner Pflanzenfresser, er benagt die Rinde junger Nadelbäume.
Die **Rotbeinige Baumwanze** (bis 1,6 cm lang) lebt auf Bäumen und Sträuchern, wo sie mit ihrem Saugrüssel die Pflanzen anbohrt oder auch kleine Insekten aussaugt. Wanzen sind an dem Saugrüssel und an ihren Vorderflügeln zu erkennen: der vordere Teil ist wie bei den Käfern verdickt, der hintere Teil dagegen ist häutig.
Die **Grüne Baumwanze** (bis 1,4 cm lang) oder Stinkwanze saugt an Farnen, Brennesseln oder Himbeersträuchern. Der unangenehme Geschmack mancher Waldhimbeere rührt von den Ausscheidungen der Stinkdrüse her. Alle Wanzen haben solche Drüsen, die bei Beunruhigung ihre abschrekkenden Stinkstoffe abgeben.
Auch die **Beerenwanze** (1 cm lang) trifft man häufig auf reifen Beeren an, zu anderer Zeit saugt sie an grünen Pflanzenteilen.

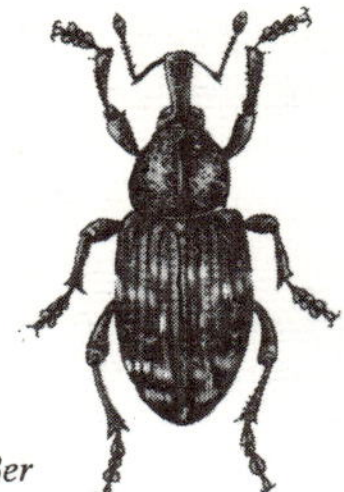

Großer Kiefernrüßler

Rotbeinige Baumwanze

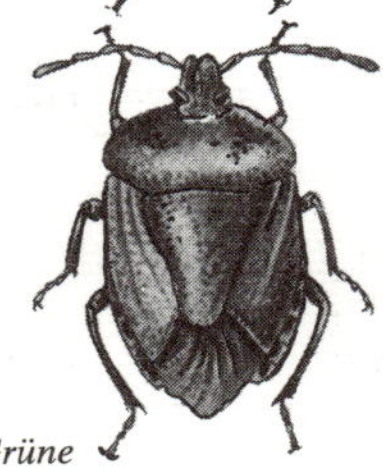

Grüne Baumwanze

Beerenwanze

Die gelbbraune **Hirschlausfliege** (0,6 cm lang) hat einen kurzen, abgeplatteten Körper und kräftige Beine mit starken Krallen. Damit kann sie geschickt im Fell von Hirschen oder anderen Säugetieren umherlaufen. Sie saugt Blut.
Die **Raubfliege** lauert an Waldlichtungen auf vorbeifliegende Insekten, die sie im Fluge überfällt, zu ihrem Ansitz trägt und hier ungestört aussaugt. Ihre Mundwerkzeuge sind ein Stechapparat, und ihre behaarten Beine tragen starke Krallen zum Festhalten der Beute.
Die **Schnepfenfliege** (1 cm lang) lauert hochbeinig und meist kopfabwärts an Baumstämmen oder Sträuchern auf kleinere Beutetiere.

Hirschlausfliege

Flügel abgeworfen

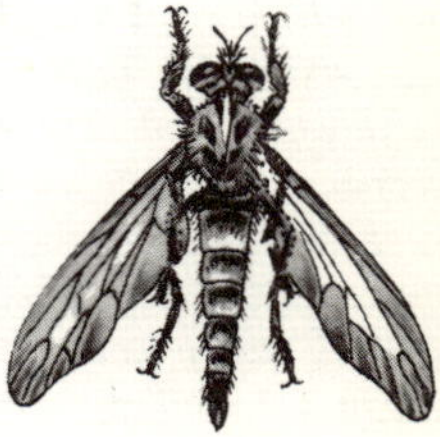

Raubfliege

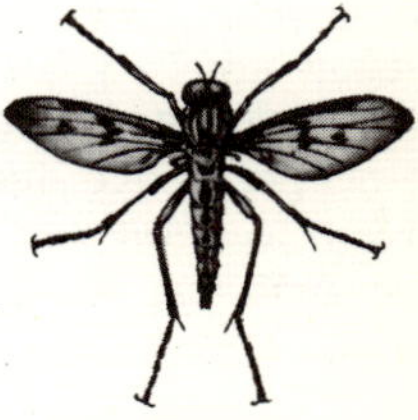

Schnepfenfliege

Für die 0,5 cm lange **Schwarze Holzameise** sind die schmalen Ameisen-»Straßen« bezeichnend, die von ihrem Nest in einem Baumstumpf zu den Blattlauskolonien auf Bäumen führen. Dort »ernten« sie den »Honigtau«, die Ausscheidungen der Blattläuse. Sie fressen aber auch Raupen und andere Kleintiere.

Die **Rote Waldameise** (bis 1,1 cm lang) errichtet aus Kiefern- oder Fichtennadeln große Nestbauten, in denen eine Kolonie von 100 000 oder gar 1 Million Einzeltieren leben kann. In den unterirdischen Gängen und Kammern werden die Eier aufbewahrt und die Larven gepflegt und gefüttert, die Ameisenpuppen (fälschlich »Ameiseneier« genannt) dagegen werden oft bis dicht unter die Oberfläche gebracht.

Die **Roßameise** ist die größte (über 1 cm lang) der einheimischen Ameisen. Sie lebt in Fichtenwäldern, wo sie sich in einem lebenden Stamm ein Nest aushöhlt und sich überwiegend von Blattläusen ernährt.

Schwarze Holzameise

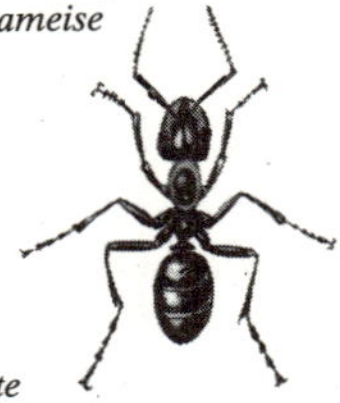

Rote Waldameise

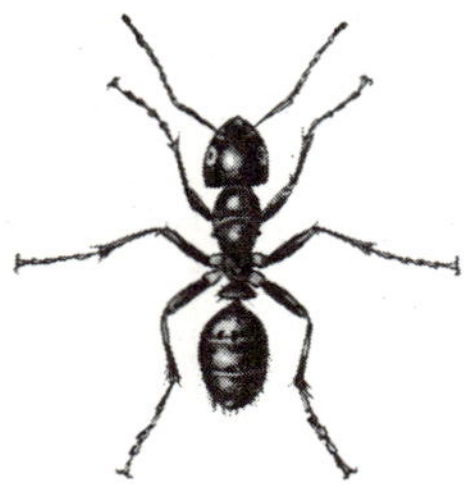

Roßameise

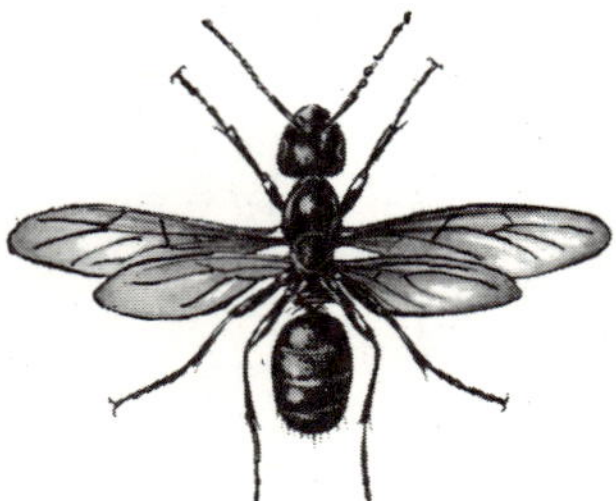

Roßameise geflügeltes Tier

Die schwarze **Kamelhalsfliege** ist leicht an ihrem verlängerten beweglichen Vorderkörper erkennbar, der an den langen Hals eines Kamels erinnert. Das Tier frißt kleine Insekten.

Kamelhalsfliege

Die **Ameisenjungfer** wirkt libellenähnlich (7 cm Flügelspannweite), doch fliegt das zarte Tier viel langsamer, in der Ruhe hält es die Flügel dachartig über dem Körper.

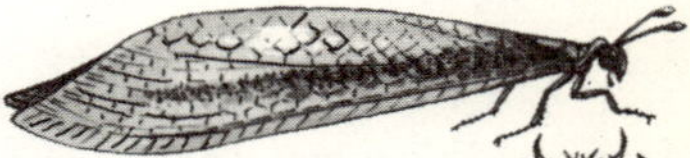

Ameisenjungfer

Die Larve, der **Ameisenlöwe**, lauert im Sand vergraben am Grunde ihrer trichterartigen Fanggrube auf abrutschende Insekten. Wenn sie die Beute ausgesaugt hat, wirft sie die Hülle mit ruckartigen Bewegungen wieder hinaus.

Ameisenlöwe

Die **Riesenholzwespe** ist trotz ihres gefährlichen Aussehens ein harmloses Insekt. Das Weibchen sucht im Sommer an sonnigen Lichtungen im Fichtenwald nach geeigneten Bäumen für die Unterbringung der Eier, die es mit dem langen Legebohrer ins Holz versenkt.

Riesenholzwespe

Die Weibchen der **Riesenschlupfwespe** und der Schwarzen Schlupfwespe tragen am Körperende einen langen Legebohrer. Mit ihm bohren sie zielgerichtet durch dickes Holz bis in eine Insektenlarve, an der sie ein Ei ablegen.

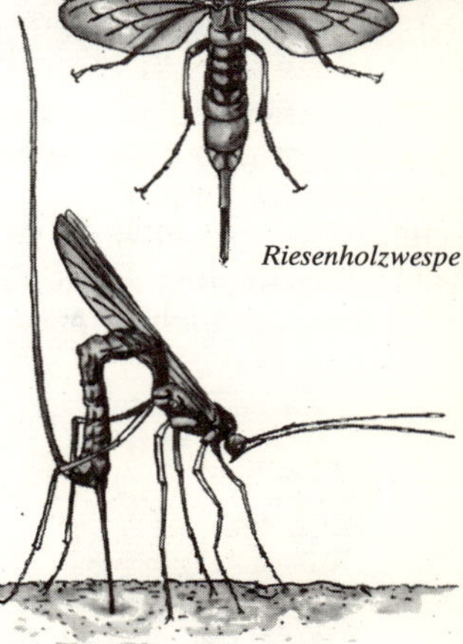

Riesenschlupfwespe

Die **Frostspanner** sind zwar unscheinbar gefärbte Schmetterlinge, fallen aber dadurch auf, daß sie zur Zeit der ersten Nachtfröste zu fliegen beginnen. Es können nur die Männchen fliegen, die Weibchen sind flügellos. Aus den Eiern schlüpfen die Raupen erst im Mai.
Das **Landkärtchen** ist ein kleinerer Tagfalter, der sich gern auf den Lichtungen im feuchten Laubwald aufhält. Seine Larven leben an Brennesseln.
Der **Zitronenfalter** wird von der Frühlingssonne als eines der ersten Insekten hervorgelockt, da er zwischen trockenem Laub am Waldboden als fertiger Falter überwintert hat.
Perlmuttfalter heißen mehrere oberseits rot-gelb gefärbte und schwarzbraun gefleckte Schmetterlinge, weil sie auf der Unterseite ihrer Hinterflügel perlmuttähnlich glänzen.

Großer Frostspanner

♂ ♀

Frostspanner-Raupe

Frühlingsform

Sommerform

Landkärtchen

Zitronenfalter

Perlmuttfalter

Die schlanke, bräunliche **Waldeidechse** hat eine gelbliche Bauchseite. An Waldrändern und Lichtungen macht sie Jagd auf Insekten.
Die **Blindschleiche** ähnelt durch das Fehlen von Beinen zwar einer Schlange, gehört aber zu den Eidechsen. Die feinen Schuppen und der gedrungene Kopf sind echsenartig, bei Gefahr kann sich der Schwanz ablösen. Blindschleichen fressen Schnecken, Regenwürmer und Insekten.
Die meist nur 50 cm lange **Kreuzotter** ist eine Giftschlange, die ihre Beutetiere (Mäuse, Frösche) durch das beim Zubeißen ausgespritzte Gift tötet. Für den Menschen ist dieser Biß nicht lebensgefährlich, wenn man sofort einen Arzt aufsucht. Kreuzottern können eine graue, rotbraune oder auch schwarze Grundfärbung haben, von der sich das schwärzliche Zickzackband auf dem Rücken unterschiedlich deutlich abhebt.

Waldeidechse

Blindschleiche

Kreuzotter

An der hellen Unterseite mit kleinen schwarzbraunen Flekken erkennt man die **Singdrossel**. Ihre Nahrung – Kleingetier und Beeren – sucht sie meist am Boden strauchreicher Wälder hüpfend oder ruckweise rennend. Der wohlklingende Drosselgesang aber ertönt von der höchsten Baumspitze aus.

Der taubengroße **Eichelhäher** ahmt häufig andere Vogelstimmen nach; sein typischer Ruf ist ein lautes »Rätsch«. Er bleibt das ganze Jahr hindurch hier und ernährt sich von Beeren und Eicheln, Insekten und Vogeleiern.

Der **Pirol** hält sich hoch in lichtem Laubwald auf, so daß zuerst der flötende Ruf oder das eichelhäherähnliche Krächzen seine Anwesenheit verraten, ehe man das leuchtende Gelb des amselgroßen Männchens entdeckt. Weibchen und Jungvögel sind unscheinbar grüngelb und grau.

Singdrossel

Eichelhäher

Pirol ♂

Der amselgroße **Buntspecht** ist in allen Wäldern zu Hause. Er sucht an den Stämmen Insekten und deren Larven und meißelt sie mit seinem kräftigen Schnabel auch aus dem Holz heraus. Das schnelle Trommeln auf einem trockenen federnden Ast aber dient wie die Rufe zur Verständigung der Tiere untereinander.
Der krähengroße **Schwarzspecht** bewohnt vor allem Nadelwälder, wo er sich auch viel am Boden aufhält, um Ameisen und andere Insekten zu erjagen. Neben dem Trommeln schallen weithin auch die langgezogenen »Kliöh«- und die schnellen »Quick-quick-quick«-Rufe.
Hin und wieder findet man auf dem Waldboden einzelne **Federn**. Die meisten Vögel wechseln ihr Federkleid jährlich zweimal: Die alten Federn werden abgestoßen, an ihrer Stelle wachsen neue. Größere Ansammlungen von Federn eines einzigen Vogels sind dagegen meist die Reste einer Raubtier-Mahlzeit. Der Habicht und andere Greifvögel rupfen die größeren Federn ihres Beutetieres aus, während Fuchs und Marder sie abbeißen.

Buntspecht

Schwarzspecht

Eichelhäher

Federn: Pirol Buntspecht

Die **Tannenmeise** bevorzugt Nadelwälder. Mit ihrem feinen Schnabel kann sie die Insekten und deren Eier und Larven sogar zwischen Fichtennadeln absammeln. Zwischen der blauschwarzen Kopfoberseite und dem blaugrauen Rücken leuchtet ein weißer Nackenfleck.
Die **Haubenmeise** ist an den schwarzweiß gestreiften Kopffedern, die in ein spitzes Häubchen auslaufen, erkennbar. Sie lebt während des ganzes Jahres im Nadelwald.
Die **Schwanzmeise** erscheint wie ein Federbällchen mit Stiel, daher auch der Name »Pfannenstielchen«. Besonders im Winter sieht man oft einen ganzen Trupp von ihnen mit »Si-si-si«-Rufen auf der Suche nach Insekteneiern und -puppen durchs Gezweig turnen.

Tannenmeise

Haubenmeise

Schwanzmeise

Die kleine dunkel- bis schwarzbraune **Waldspitzmaus** findet man manchmal tot auf einem Waldweg – von einem kleinen Raubtier zwar gefangen und getötet, aber wegen ihres scharfen Moschusgeruchs nicht gefressen. Die Spitzmäuse (s. S. 70 Feldspitzmaus) sind wie Maulwurf und Igel Insektenfresser und keine Nagetiere. Erkennbar sind sie an der spitzen, rüsselartigen Nase und dem samtartigen Fell.
Die **Rötelmaus** sieht man auch am Tage am Waldboden umherhuschen. Die oberseits rotbraunen Nagetiere sind etwa 10 cm (mit Schwanz 15 cm) lang und fressen Pflanzen, Samen und junge Rinde.
Die **Gelbhalsmaus** hat eine reinweiße Unterseite mit einem gelblichen Brustband, große Augen und Ohren sowie einen sehr langen Schwanz, der ebenso lang wie der Körper ist (je 10 cm). Sie lebt am Boden von Laubwäldern, kann gut klettern und wird manchmal in einem Vogelnistkasten angetroffen.

Waldspitzmaus

Rötelmaus

Gelbhalsmaus

Dem **Fuchs** kann man morgens oder abends am Waldrand oder auf einer Waldwiese begegnen. Er fängt vorwiegend Mäuse, doch gehören auch Insekten, am Boden lebende Vögel und Beeren zu seiner Nahrung. Jungfüchse kommen zum erstenmal im Alter von 4 Wochen zum Spielen aus dem unterirdischen Bau.

Das **Mufflon**, ein Wildschaf, lebt erst seit etwa 100 Jahren in einigen unserer Waldgebiete, es wurde aus Korsika eingebürgert. Erwachsene Muffelwidder tragen dicke, ringförmig nach hinten gebogene Hörner und einen weißlichen »Sattelfleck« in ihrem sonst braunen Fell. Das Muffelschaf ist zierlicher und hat nur sehr kurze Hörner.

Das schwarzgraue, hochbeinige **Wildschwein** erreicht eine Schulterhöhe von 90 cm. Die Jungtiere (»Frischlinge«) sind in ihren ersten Lebenswochen gelb und schwarzbraun längsgestreift. Die erwachsenen, besonders die männlichen (»Keiler«), haben große Eckzähne. Den Boden wühlen die Tiere aber mit ihrer rüsselartigen Nase auf, sie suchen in der Erde nach Wurzeln, Engerlingen und Mäusen.

Fuchs

Mufflon ♂

Wildschwein

Das **Reh** ist unsere kleinste Hirschart. Das beim erwachsenen Rehbock sechsspitzige Geweih (»Gehörn« in der Jägersprache) fällt jährlich im November ab, worauf im Laufe des Winters und Vorfrühlings ein neues wächst. Erschreckte Rehe rufen kurz und dumpf »bö«.

Der **Damhirsch** unterscheidet sich vom Rothirsch durch das schaufelartig verbreiterte Geweih, die hellen Flecken im Fell, die geringere Körpergröße und den langen, lebhaft bewegten Schwanz.

Der **Rothirsch** trägt ein ausgebildetes Geweih nur von August bis Februar, dann fällt es ab. Unter einer schützenden Haut (»Bast«) wächst ein neues heran (»Kolbengeweih«). Außerhalb der Brunftzeit leben die erwachsenen Hirsche in einer eigenen Gruppe, getrennt vom Rudel der ständig geweihlosen Weibchen (»Alttiere«) mit ihren Jungtieren. Während der Brunft im September kann man kilometerweit das orgelnde »Röhren« der Hirsche hören.

Reh ♂

Damhirsch ♂

Rothirsch ♂

Um eine **Drosselschmiede** herum – auf einem Stein oder festen Baumstubben – liegen zerschlagene Schalen besonders von Schnirkelschnecken. Der Täter ist meist die Singdrossel, die die Schnecken mit ihrem Schnabel so lange gegen die harte Unterlage (»Amboß«) schlägt, bis sie den weichen Schneckenkörper aus der zertrümmerten Schale herausziehen kann.

Drosselschmiede

Auf eine **Spechtschmiede** deutet eine ungewöhnliche Ansammlung leerer Kiefern- oder Fichtenzapfen hin: Am Baumstamm darüber befindet sich eine Vertiefung, in die der Buntspecht frische, samenhaltige Zapfen einklemmt, um aus ihnen leicht die Samen herauszumeißeln.

Spechtschmiede

Eulengewölle sind nicht Kot, sondern aus dem Magen ausgewürgte Ballen unverdaulicher Nahrungsteile. Nach den Haaren, Federn und besonders den Knochen der Beutetiere kann man so die »Speisekarte« der Eule feststellen.

Eulengewölle:

Waldkauz

Waldohreule

Schleiereule

Im Winter finden die Hirsche in den Fichtenwäldern oft nicht genügend Strauchnahrung. In ihrer Not **schälen** sie die Rinde von den Fichten, verletzen die Bäume lebensgefährlich und richten so großen Schaden an.

Wenn das jährlich neu gewachsene Geweih fertig ist, bemühen sich Rehbock und Hirsch, die nun überflüssige absterbende Haut vom Geweih abzustreifen. Der Förster spricht vom **Fegen**. Dazu reiben und schlagen die Tiere mit dem Geweih heftig gegen ein biegsames Bäumchen, das dabei beschädigt wird. Außerdem scharren sie den Boden auf.

Wildschweine und Hirsche lieben es, sich zur Hautpflege in Schlamm zu wälzen. Sie benutzen dazu immer wieder dieselbe abgelegene Stelle – ihre **Suhle**. An den Körper- und Hufeindrücken läßt sich die Tierart erkennen. Wildschweine scheuern sich anschließend an einem Baumstamm, dem **Mahlbaum**.

Die größten **Paarhufer-Fährten** stammen vom **Rothirsch**, ein einzelner Tritt kann über 6 cm breit und über 8 cm lang sein. Ging das Tier langsam, sind nur die beiden Hufe der Hauptzehen abgedrückt. Beim flüchtenden Tier werden auch die kleinen Abdrücke der kurzen Hinterzehen sichtbar. Oft überlagern sich viele Fährten, weil Rothirsche meist im Rudel leben.
Beim **Wildschwein** berühren immer die Hufe aller 4 Zehen den Boden, so daß die Fährte neben den 2 starken vorderen auch 2 schwächere Abdrücke etwas seitlich dahinter zeigt.
Das **Reh**, unser kleinstes Huftier, hinterläßt zierliche, scharfkantige Abdrücke der beiden Hufe je Bein. Jeder Tritt kann 3 cm breit und 4 cm lang sein.

Fährten und Trittsiegel:

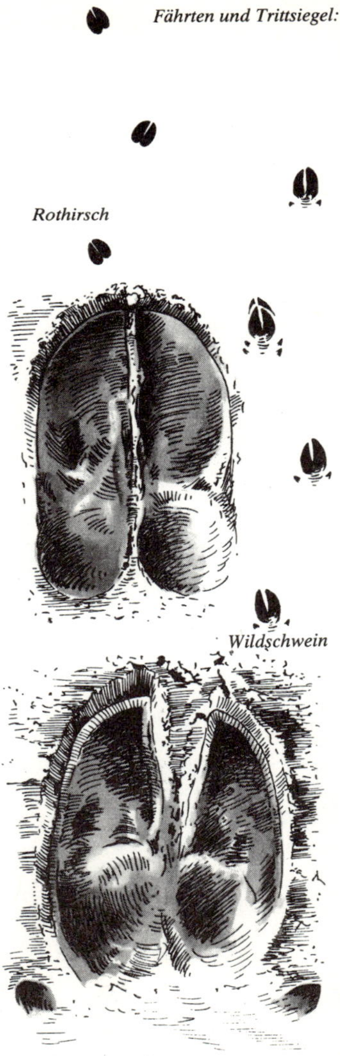

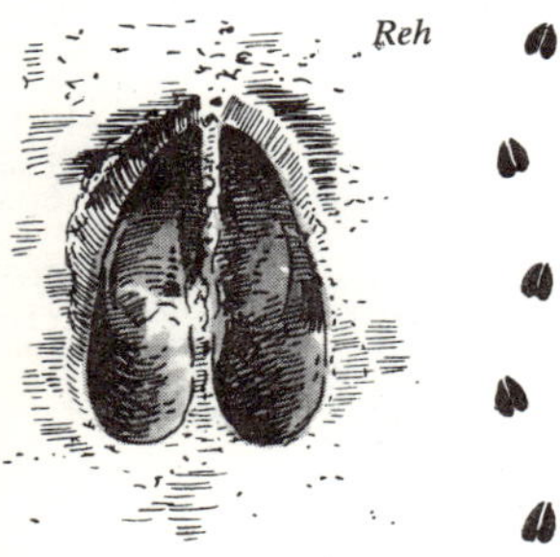

Sehr zierlich sind **Mäusespuren**. Bei den Langschwanzmäusen, wie der Gelbhalsmaus (s. S. 123), hinterläßt der Schwanz eine eigene, unregelmäßige Schleifspur.
Fuchsspuren ziehen oft sehr regelmäßig durch den Schnee, man sagt, der Fuchs »schnürt« durch das Gelände. Die einzelnen Tritte sind etwas länglicher als beim Hund und zeigen deutlich die Abdrücke der Krallen. Ein Tritt ist 3 cm breit und 4 cm lang.
Für die **Dachsspur** kennzeichnend ist der scharfe Abdruck der kräftigen Grabekrallen. An der Vorderpfote sind sie bedeutend länger. Spuren des Dachses findet man nur vom Frühling bis zum Herbst, da er eine Winterruhe hält.

Spuren und Trittbilder:

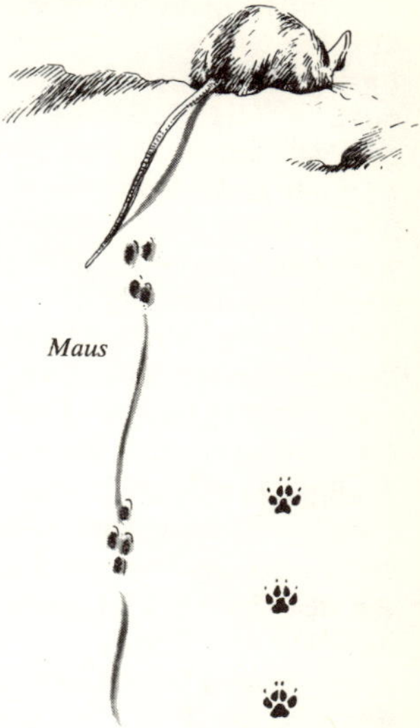

Maus

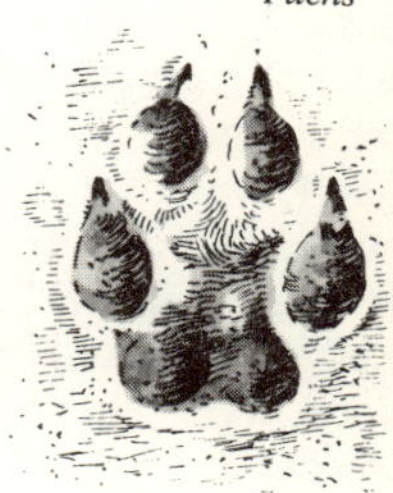

Fuchs

Dachs

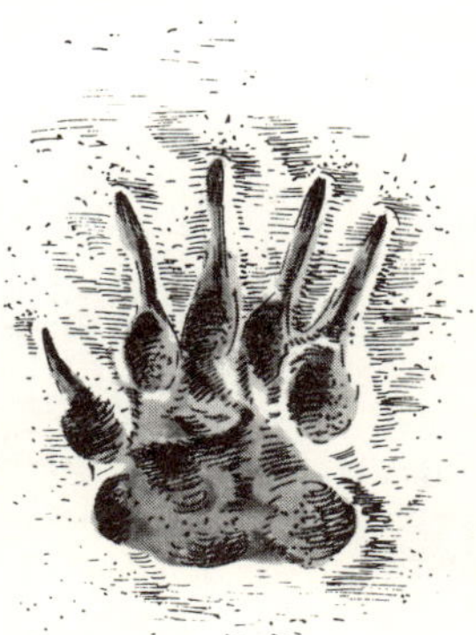

Das **runde Loch** in der Haselnuß hat eine ausgewachsene Larve des **Haselnußbohrers** genagt, um die Nuß verlassen und sich im Erdboden verpuppen zu können. Als die Nuß noch weich und klein war, hatte ein nur 6 mm großes Haselnußbohrer-Weibchen (Rüsselkäfer) sie mit seinem langen dünnen Rüssel angebohrt und ein Ei hineingelegt. **Große Löcher** und **flachovale Fraßgänge** von etwa 1 cm Durchmesser im Holz alter Eichen sind das Werk von **Larven** des **Großen Eichenbockes** oder Heldbockes (s. S. 113). Auch andere Bockkäfer-Larven sind weißlich, gedrungen und beinlos und fressen im Holz oder unter der Rinde unregelmäßig verlaufende Gänge. Die eigenartigen **Fraßbilder der Borkenkäfer** entstehen immer in 2 Stufen: Zuerst nagt das Käferweibchen einen gleichmäßig breiten Gang, an dessen Wänden es die Eier ablegt. Die geschlüpften Larven fressen sich von hier aus in das Holz oder die Rinde, wobei diese Fraßgänge anfangs schmal sind, im Laufe der Zeit durch das Heranwachsen der Larven aber immer breiter werden.

Fraßlöcher der Haselnußbohrer-Larve

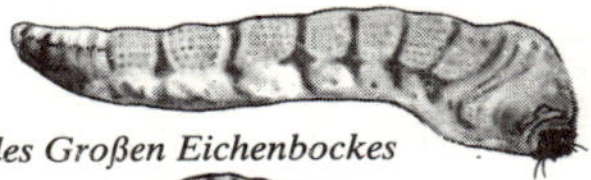

Larve des Großen Eichenbockes

Larve des Zimmermannsbockes

Larvenfraß des Großen Eichenbockes

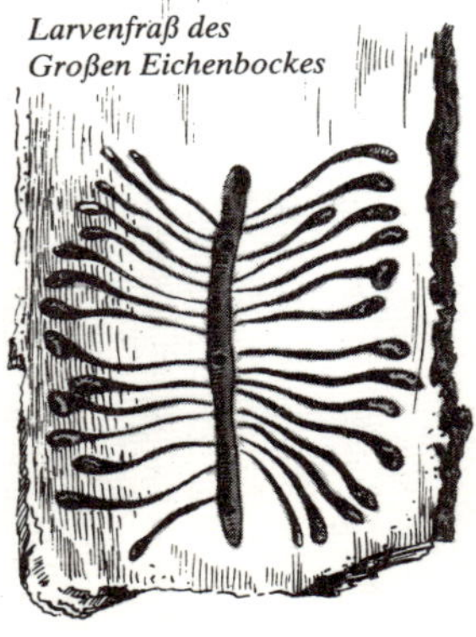

Fraßbild von Borkenkäfer-Larven

Als **Gallen** bezeichnet man die besonderen Bildungen auf Blättern oder anderen Pflanzenteilen, die die Pflanze nach der Eiablage durch ein gallenerzeugendes Tier hervorbringt. Eine Galle ist gleichzeitig Wohnung und Speisekammer für jeweils eine Larve. Die sich daraus entwickelnden Gallwespen, Gallmücken und anderen Gallen-Erzeuger sind meist winzig klein (s. S. 73). Die zuerst grünen, später roten **Eichengalläpfel** sind Blattgallen der **Eichen-Gallwespe**. In ihrem schwammig-festen Innern lebt eine Larve in einer Kammer und frißt von dem sie umgebenden Pflanzenmaterial. Im Herbst fallen die Galläpfel zu Boden, wo im Winter die fertige Gallwespe schlüpft.

Gallen der Großen Buchenblatt-Gallmücke

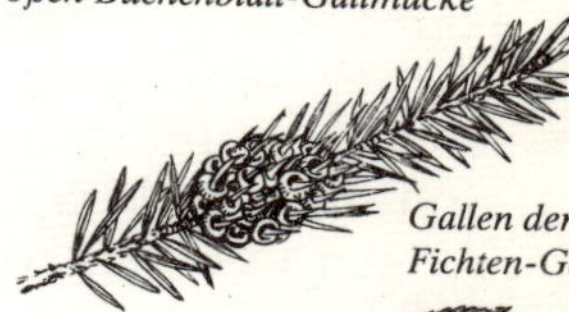

Gallen der Fichten-Gallaus

Galle der Rosen-Gallwespe

Galle der Schwamm-Gallwespe

Gallen der Eichen-Gallwespen

Pflanzen und Tiere auf Wiese, Feld und Wegrain

Die meisten waldfreien Gebiete in unserem Land sind erst durch den Menschen entstanden. Er rodete die Urwälder, trieb Ackerbau und Viehzucht, und es entstanden Wiesen und Weiden, Felder und Wege. Auch heute würde dieses Kulturland, sich selbst überlassen, in wenigen Jahren wieder bewalden.

Der Mensch bestimmt, welche Nutzpflanzen hier wachsen sollen, um ihm Nahrung, Futter für die Haustiere und Rohstoffe zu liefern.

Die übrigen Pflanzen können auf dem Kulturland nur gedeihen und sich fortpflanzen, wenn sie durch das ständige Mähen und Abweiden, das wiederkehrende Ernten und Pflügen, die Schädlings- und Unkrautbekämpfung nicht ausgerottet werden.

Für die Pflanzen der Wiesen ist deshalb ein ausdauernder Wurzelstock lebenswichtig, für die der Felder eine kurze Entwicklungszeit vom Keimling bis zum reifen Samen. Die Tiere müssen zur Zeit der Ernte fliehen oder sich gut im Erdboden verstecken können.

Nur an Wegrainen, Böschungen und Feldhecken wird die Pflanzen- und Tierwelt weniger durch den Menschen beeinflußt, so entfaltet sich an manchen Stellen eine außergewöhnliche Artenfülle.

Mit frischem Pflanzenwachstum kommt aus den Verstecken, aus Eiern, Larven und Puppen auch neues Tierleben ans Tageslicht. Zur Hauptblütezeit, im Juni, erscheint uns die Zahl der Insekten besonders groß, wenn wir viele von ihnen auf den Blüten finden. Aber das Leben als erwachsenes Insekt dauert oft nur wenige Tage, die übrige Zeit verbringt das Tier viel unauffälliger und meist an anderer Stelle als Ei, Larve oder Puppe.

Die **Getreide**-Arten auf unseren Feldern sind Gräser, die vom Menschen schon seit mehreren tausend Jahren gezüchtet werden und heute besonders große und nährstoffreiche Samen bilden.
Der **Roggen** wird mannshoch und bildet silbrig-graugrüne Ähren mit 2 cm langen Grannen aus. Er ist unser wichtigstes Brotgetreide, das auch auf Sandböden gedeiht.
Der **Weizen** trägt auf steifen, aufrechten Halmen meist grannenlose Ähren und wird zur Reifezeit goldgelb.
Der **Hafer** bildet keine Ähre, sondern eine überhängende lockere Rispe.
Die niedrige **Gerste** reift von allen Getreidearten zuerst. Die meist überhängenden Ähren tragen lange, rauhe Grannen.
Auch der über 2 m hoch werdende **Mais** ist eine gezüchtete Grasart. Er stammt aus Amerika. An der Spitze des Stengels befindet sich nur der rispenartige männliche Blütenstand. Die Körner bilden sich an kolbenartigen weiblichen Blütenständen, die in den Blattachseln tiefer am Stengel sitzen. Bei uns wird meistens die ganze Pflanze im grünen, unreifen Zustand als wertvolles Futter geerntet.

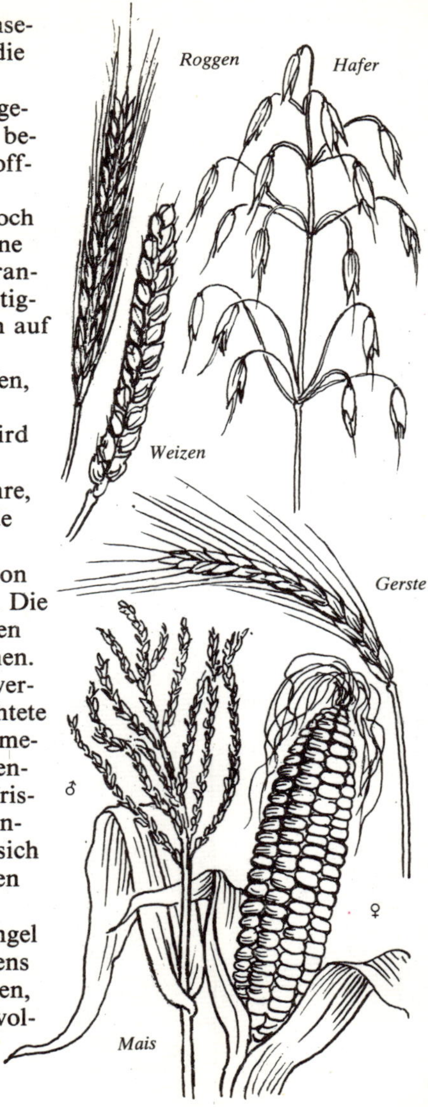

Der **Porree** gehört zu denjenigen Lauchgewächsen, die im ersten Jahr reichlich Nährstoffe sammeln und dann gewöhnlich geerntet werden. Er blüht erst im zweiten Jahr.
Die **Möhre** oder Mohrrübe bildet im ersten Jahr nur die fein aufgefiederten Blätter und die gelbrote Speicherwurzel aus. Würde diese Wurzel nicht geerntet, so triebe im nächsten Jahr aus ihr ein bis 1 m hoher Stengel mit weißen Doldenblüten hervor.
Der **Zwiebel-Lauch** hat schlauchförmige Blätter, deren untere Teile durch Vorratsstoffe so stark anschwellen, daß sie zusammen die Zwiebel als Speicherorgan bilden.
Die **Kartoffel** stammt aus Amerika. Aus den weißen oder violetten Blüten entwikkeln sich kleine grüne, tomatenähnliche Früchte. Sie sind wie Blätter und Stengel giftig. Eßbar sind dagegen die Kartoffelknollen.
Die **Zuckerrübe** ist an ihren dunkelgrünen glänzenden Blättern erkennbar. Erst zu Anfang des vergangenen Jahrhunderts begann man die Rübe zur Zuckergewinnung zu züchten. Heute erhält man aus dem Saft einer 2 kg schweren Rübe 300 g Zucker!

Beim zartviolett blühenden **Schlaf-Mohn** bilden sich viele tausend winzige ölhaltige Samen in einer großen aufrechten Kapsel.
Der **Spargel** ist ein Liliengewächs. Im Mai treiben aus dem Wurzelstock dicke Sprosse, die beim Durchstoßen der Erdoberfläche geerntet werden oder sich zu 1,5 m hohen Grünpflanzen mit nadelförmigen Zweigen ohne Blätter entfalten. Aus den kleinen gelbgrünen Blüten entwikkeln sich leuchtend rote, erbsengroße Beeren, die gern von Vögeln gefressen werden.
Der **Tabak**, er stammt aus Amerika, wird über 2 m hoch. Unter der Blütenrispe mit langen Röhrenblüten sitzen die kleinsten Blätter, am unteren Stengel dagegen die größten, aus denen Tabakwaren hergestellt werden.
Der leuchtend gelbblühende **Raps** wird wegen des Nektarreichtums in seinen Blüten besonders gern von Bienen aufgesucht. Die runden Samen in den Schoten enthalten das Rapsöl, das als Speiseöl oder zur Margarineherstellung verwendet wird.
Früher diente es auch als Brennstoff für die Öllampen.

Beim **Weißkohl** bilden die inneren weißlichen Blätter zwischen den äußeren grünen einen festen Kohlkopf.
Der **Rotkohl** ist von gleicher Gestalt, enthält aber in allen Blättern einen roten Farbstoff.
Beim **Blumenkohl** bildet sich zwischen den grünen Blättern ein reich verzweigter Blütenstand, der aber im weißen Knospenzustand geerntet wird.
Die blauviolett blühende **Luzerne** und die Serradella werden als Futterpflanzen angebaut und mehrmals im Jahr gemäht.
Beim **Rosenkohl** entstehen viele kleine Köpfchen in den Blattachseln des Stengels.
Die **Gurken**-Pflanze hat gelbe Blüten und rankt über 3 m weit oder hoch.
Die krausen **Grünkohl**-Blätter können noch im Winter geerntet werden, da die Pflanze mäßigen Frost verträgt.

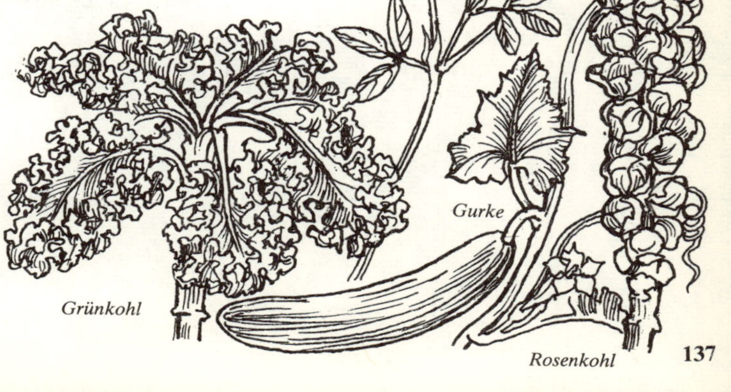

Die **Wiesen-Schlüsselblume** liebt trockene Wiesen und Wegböschungen. Ihre dottergelben Blüten tragen im Schlund 5 rote Flecke. Kennzeichnend ist auch der aufgebläht wirkende Kelch.
Die **Herbst-Zeitlose** gedeiht auf feuchten Wiesen des Hügellandes und blüht erst im September oder Oktober, wenn ihre riemenförmigen Blätter schon abgestorben sind. Der Fruchtknoten sitzt tief im Boden, erst im nächsten Frühjahr erscheint die Kapselfrucht über der Erde. Alle Teile der Pflanze sind giftig.
Der **Wiesen-Goldstern**, ein Zwiebelgewächs, blüht im Frühjahr an grasigen Wegrändern. Außer dem rund 20 cm hohen Blütenstengel erhebt sich aus der Zwiebel nur ein einziges schmales Blatt.

Der **Spitz-Wegerich** hat schmale, bis 20 cm lange Blätter. Die kleinen grünlichen Blüten mit gelben Staubfäden sitzen an der Spitze des Stengels in einer dichten Ähre.
Der **Acker-Schachtelhalm** erscheint zuerst im zeitigen Frühjahr als hellbrauner Stengel mit einer Sporenähre an der Spitze. Erst später wächst ein grüner Stengel mit quirlartig angeordneten Seitenzweigen. Stengel und Seitenzweige setzen sich aus ineinandergeschachtelten Gliedern zusammen. Schachtelhalme sind Sporenpflanzen, die keine Blüten und Samen bilden, sondern sich mit staubfeinen Sporen vermehren.
Das **Wilde Stiefmütterchen** kann man von Mai bis Oktober auf Feldern und wenig bewachsenen Wegrändern antreffen. Es ist die wilde Ausgangsform des Garten-Stiefmütterchens (s. S. 32).

Wildes Stiefmütterchen

Die Weiße Licht- oder **Weiße Nachtnelke** öffnet ihre getrenntgeschlechtlichen Blüten erst am Abend, denn die Blütenbestäuber sind Nachtfalter.
Das **Wiesen-Schaumkraut** beginnt schon im April als eine der ersten Pflanzen auf feuchten Wiesen zu blühen. An den gefiederten Blättern oder dem Stengel haften oft kleine Schaumhäufchen (s. S. 184), die von Larven der Schaumzikade erzeugt werden.
Der weiß blühende **Knöllchen-Steinbrech** wächst auf mageren, sandigen Wiesen. An den Wurzeln sitzen kleine Knöllchen, aus denen im nächsten Frühjahr neue Pflänzchen hervorgehen können.
Der **Taubenkropf** bekam seinen Namen wegen der kugligen, kropfartig aufgeblähten Kelchblätter. Er blüht weiß.

Die **Margerite** oder Weiße Wucherblume mit ihren weithin leuchtenden Blütenständen ist eine der schönsten Wiesenblumen. Auf nährstoffreichem Boden kann ihr Stengel über 50 cm hoch werden.
Bei der **Schafgarbe** sind die zahlreichen kleinen Korbblütenstände, die nur aus ungefähr 10 einzelnen weißen Blüten bestehen, zu einem doldenähnlichen Schirm zusammengesetzt. Kennzeichnend sind auch die 2- bis 3fach aufgefiederten länglichen Blätter. Aus getrockneten Blättern und Blüten wird Magentee bereitet.
Auf die **Echte Kamille** wird man schon durch den aromatischen Kamillenduft aufmerksam. Von anderen, sehr ähnlichen Korbblütengewächsen mit weißen Zungen- und gelben Röhrenblüten sowie fein aufgefiederten Blättern läßt sie sich durch ihren hoch aufgewölbten und innen hohlen Blütenboden unterscheiden.

Die Blüte der **Trollblume** behält immer eine kuglig geschlossene Form, in die auch die gelben Kelchblätter einbezogen sind. Die auffällige Pflanze wächst auf feuchten Wiesen, besonders des Hügel- und Berglandes, ist aber selten und steht unter strengem Schutz.

Der **Scharfe Hahnenfuß** ist giftig und wird wegen seines scharfen Geschmacks vom Weidevieh nicht gern gefressen. Die überall häufige schlanke Pflanze kann über 50 cm hoch werden. Die schmalen oberen Blätter sind 3teilig, die unteren dagegen handförmig 7teilig.

Der giftige **Kriechende Hahnenfuß** ist eine aufrecht wachsende Pflanze, sendet am Boden aber weitkriechende Ausläufer aus. An den Stengelknoten der Ausläufer bilden sich Wurzeln und später selbständig werdende neue Pflanzen. Der Kriechende Hahnenfuß bevorzugt feuchten Boden.

Die **Zypressen-Wolfsmilch** gedeiht auf trockenen Weiden und Wegrainen und ist an ihren fichtennadelähnlichen Blättern und dem grüngelben Blütenstand leicht zu erkennen. Die einen Milchsaft enthaltende Pflanze wird von den meisten Tieren verschmäht, nur die Raupen des Wolfsmilch-Schwärmers ernähren sich hauptsächlich von ihr (s. S. 184).

Die **Sand-Strohblume** oder Immortelle findet man auf trokkenem Sandboden an Wegrändern und in Kiesgruben, auf Dünen und in Kiefernwäldern. Die ganze Pflanze ist dicht behaart und erscheint dadurch silbrig-graugrün. Die gelben bis orangefarbenen kleinen Korbblütenstände sitzen traubenartig an der Spitze des 20 cm hohen dicht beblätterten Stengels.

Das **Kleine Habichtskraut** besiedelt oft als einzige Pflanze die sandigen Stellen auf Wiesen und an Wegrändern. Die Blätter sind graufilzig behaart und bilden eine Rosette, aus deren Mitte sich ein meist 10 cm langer Stengel mit einem hellgelben Korbblütenkopf erhebt.

Die doppelt aufgefiederten Blätter des **Rainfarns** erinnern an Farnblätter, doch gehört die Pflanze zu den Korbblütengewächsen. Die gelben Blütenstände bestehen nur aus Röhrenblüten und ähneln in ihrer Form Tabletten oder Knöpfen. An sonnigen Wegrändern und Bahndämmen bildet der Rainfarn oft große Bestände.

Das **Johanniskraut** oder Tüpfel-Hartheu ist an Wegrändern häufig anzutreffen. Seine Blätter wirken durch kleine ölhaltige Drüsen durchsichtig punktiert. Die Pflanze wird für Kräutertees verwendet.

Der **Wiesen-Bocksbart** schließt seine großen gelben, einzeln stehenden Blütenköpfe schon zur Mittagszeit. Jede reife Frucht trägt einen Flugschirm, der ähnlich wie beim Löwenzahn, jedoch größer ist.

Der **Kleine Odermennig** reckt seine goldgelben Blütenkerzen auf trockenen Wiesen und Wegrändern zwischen Mai und September empor.
Bis 2 m hoch wird die **Großblumige Königskerze**, die wir an Wegrändern und anderen unbebauten Stellen finden. Da ihre weit über hundert Blüten nicht alle gleichzeitig, sondern nacheinander von unten nach oben aufblühen, steht die Pflanze lange Zeit in Blüte. Die Blätter sind graufilzig behaart.
Die **Nachtkerze** öffnet tatsächlich erst am Abend ihre frischen Blüten, die vor allem von Nachtschmetterlingen bestäubt werden. Die aus Amerika eingeschleppte Pflanze gedeiht gut an trockenen Wegrändern und Eisenbahndämmen. Die Fruchtstände kann man für die Winterfütterung am Vogelhäuschen sammeln.

Der **Große Klappertopf** hat bauchig aufgeblähte Blütenkelche, die zur Reifezeit an kleine Rasseln erinnern, denn schon bei leichten Bewegungen der Pflanze klappern die losen Samen in ihnen. Die 30 cm hohe Pflanze lebt auf Wiesen und Feldrainen als Halbschmarotzer.
Der **Acker-Wachtelweizen** ist auch ein Halbschmarotzer: er kann als grüne Pflanze selbständig leben, zusätzlich entzieht er mit kleinen Saugwarzen an seinen Wurzeln den Wurzeln von Nachbarpflanzen Nährstoffe. An der Stengelspitze sind nicht nur die Blüten selbst, sondern auch die darübersitzenden Blätter purpurrötlich gefärbt. Die Samen sehen Weizenkörnern ähnlich.
Das **Silber-Fingerkraut** wächst auf trockenen Feldrainen und Hängen. Der bis 50 cm hohe Stengel und die Unterseite der Blätter wirken durch einen feinen Haarfilz silbrig.

Das **Gänse-Fingerkraut** (s. S. 146) liebt feuchten und nährstoffreichen Untergrund, verträgt häufiges Betreten durch Tiere und auch deren Kot. Deshalb findet es sich auf Viehweiden, Wegen und besonders an Uferstellen, die gern von Gänsen aufgesucht werden.

Das **Echte Labkraut** blüht gelb und duftet angenehm. Der Name bezieht sich auf die Eigenschaft des Labkrautsaftes, der wie das Lab aus dem Kälbermagen frische Milch schnell zum Gerinnen bringt.

Das **Wiesen-Labkraut** wird fast 1 m hoch und blüht weiß. Wie bei allen Labkräutern sitzen die schmalen Blätter quirlartig am Stengel.

Der Name des **Leinkrautes** oder Frauenflachses bezieht sich auf die Ähnlichkeit der noch nicht blühenden Pflanze mit dem Lein oder Flachs, der auch feine schmale Blätter hat und früher häufig zur Fasergewinnung angebaut wurde. Die zahlreichen Blüten aber gleichen denen des Löwenmauls, sie werden ebenfalls von Hummeln besucht.

Der **Ährige Ehrenpreis** liebt warme trockene Wiesen und Hänge. Hunderte von Einzelblüten bilden eine spitze hellblaue Blütenkerze.
Den **Gamander-Ehrenpreis** findet man häufig an Wegrändern. An der Spitze des 2zeilig behaarten Stengels sitzen 4teilige himmelblaue Blüten, die leicht abfallen.
Beim schlanken **Kreuzblümchen** sitzen die 10 bis 20 blauen oder rötlichen Einzelblüten in einer lockeren Traube am oberen Teil des 20 cm hohen Stengels.
Der **Sand-Thymian** bildet an sandigen, trockenen Stellen oft dichte Polster. Der nur 10 cm hohe Zwergstrauch duftet aromatisch. Er ist eine wichtige Arzneipflanze.

Der nur 30 cm hohe **Feld-Rittersporn** benötigt kalkhaltigen Ackerboden. Das oberste der 5 Blütenblätter läuft in einen langen, nach hinten gerichteten Sporn aus.
Der **Kriechende Günsel** blüht blau; die Blüten und Blätter sitzen an der Spitze des 20 cm hohen Stengels ährenartig dicht. Die eiförmigen Blätter haben einen glatten Rand.
Beim **Gundermann** befinden sich die blauvioletten Blüten in den Blattachseln etwas unterhalb der Stengelspitze. Dieser Stengel ist eigentlich nur ein Seitenzweig des am Boden liegenden Hauptstengels.
Die großen dunkelvioletten Lippenblüten der **Gemeinen Braunelle** sitzen zu einem Köpfchen vereint an der Spitze des rund 20 cm hohen Stengels. Braunelle, Günsel und Gundermann finden sich auf Wiesen und Feldrainen.

Die **Wilde Karde** bildet auf 2 m hohem stachligem Stengel kegelförmige Blütenköpfe, die aus Hunderten dicht beieinandersitzenden Einzelblüten bestehen. Von unten nach oben fortschreitend, blüht immer nur ein schmaler Kranz der hellvioletten Blütchen.
Der **Wiesen-Salbei** erhebt seine 50 cm hohen, wenig beblätterten Stengel auf sonnigen, trockenen Wiesen und Hängen. Klettert eine Hummel in die dunkel-blauvioletten Lippenblüten, so senken sich durch einen besonderen Hebelmechanismus die 2 langen Staubblätter auf den pelzigen Rücken des Blütenbesuchers.
Bei der **Kugeldistel** sind die kleinen weißlichen Blüten mit bläulichen Staubblättern in einem kugligen Blütenstand vereint.

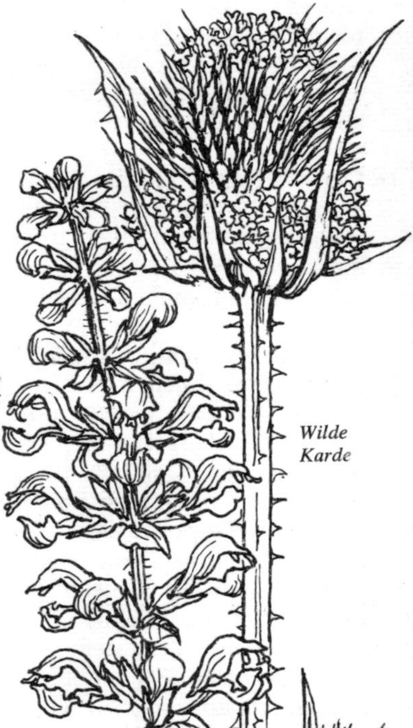

Bei der **Wiesen-Glockenblume** bilden die blauvioletten Blüten eine lockere Schirmrispe. Die Blätter sind schmal und länglich.
Im traubenartigen Blütenstand der **Acker-Glockenblume** neigen sich die hellvioletten Blüten seitwärts. Die Blätter haben einen herz-eiförmigen Umriß. Die Acker-Glockenblume bevorzugt Lehmböden.
Die **Rapunzel-Glockenblume** ähnelt der Wiesen-Glockenblume, doch bilden ihre blauen Blüten eine schmalere Rispe.
Die dunkel-violettblauen Blüten der **Knäuel-Glockenblume** sitzen an der Stengelspitze dichtgedrängt in einem Knäuel.

Der wilde **Schnitt-Lauch** wächst auf feuchten Wiesen oder an felsigen Stellen. Er blüht hellviolett und hat röhrenförmige Blätter.
Der blauviolette Blütenkopf der **Acker-Witwenblume** sitzt an der Spitze des 50 cm langen Stengels. Die Blätter sind einfach gefiedert.
Die schwarzroten Blütenköpfe des **Großen Wiesenknopfs** setzen sich aus rund 10 Einzelblüten zusammen. Bis auf 3 oder 4 Stengelblätter erheben sich alle gefiederten Blätter aus einer Blattrosette. Die bis über 1 m hohe Pflanze findet man auf feuchten Wiesen.
Das zierliche, bis 30 cm hohe **Sandknöpfchen** wächst auf sandigen, trockenen Stellen. Das hellblaue Blütenköpfchen wird ungefähr 2 cm breit, die Blätter sind schmal und ungeteilt.

Die **Kornblume** gilt in Getreidefeldern als Unkraut. Außer an ihrem prächtig blauen Blütenkorb ist sie an den schmalen Blättern erkennbar.

Die über 1 m hohe **Wegwarte** ist an Wegrändern und auf trockenen Wiesen häufig anzutreffen. Ihre leuchtend blauen Blütenköpfe sind nur am Vormittag geöffnet. Aus der Wildpflanze wurden verschiedene Kultursorten gezüchtet, die uns Zichorie für Malzkaffee und Chicorée als Gemüse liefern.

Die am Wegrand häufige **Wiesen-Flockenblume** ähnelt der Kornblume, doch sind ihre Blüten bläulichrot und die Blätter nicht so schmal.

Kornblume

Wegwarte

Wiesen-Flockenblume

Alle Blätter der **Skabiosen-Flockenblume** sind gefiedert. Die festen, trübroten Blütenköpfe stehen einzeln und werden über 2 cm breit.
Die zahlreichen kleinen Köpfe der **Acker-Kratzdistel** blühen lilarosa. Auf Feldern ist sie ein häufiges und sehr unangenehmes Unkraut.
Die fast mannshohe **Große Klette** gehört ebenfalls zu den Korbblütengewächsen. Die zahlreichen purpurroten Blüten werden von grünen Hüllblättern umschlossen, deren Spitze hakenartig umgebogen ist. Diese Häkchen bleiben leicht im Haarkleid von Tieren oder an der Kleidung von Menschen hängen.
Die **Nickende Distel** ist eine unserer größten und auffallendsten heimischen Wildblumen: über 3 cm breit werden die purpurroten nickenden oder hängenden Blütenköpfe.

Wiese

Der auf Sandboden überall häufige **Reiherschnabel** blüht rosarot und hat längliche Fiederblätter. Nach der Blüte streckt sich der Fruchtstand zu einer reiherschnabelähnlichen Form. Er enthält 5 spitze Früchte, die sich mit Hilfe ihrer langen korkenzieherartigen Granne in den Erdboden einbohren können.
Die 4 großen, leuchtend roten Blütenblätter des **Klatsch-Mohns** haben früher die Kinder angeregt, sie über der hohlen Hand mit lautem Knall zu zerklatschen. In der rundlichen Mohnkapsel mit den vielen Fächern können sich über 10000 ölhaltige Samen entwikkeln.
Blau blüht der **Wiesen-Storchschnabel**. Die Blätter haben einen rundlichen Umriß, sind aber tief gespalten und gefiedert.
Der **Erdrauch** hat blaugrüne, fein aufgefiederte Blätter. Die dunkelroten Blüten sitzen ährenartig an den Spitzen der rund 20 cm hohen, verzweigten Stengel.

Das **Seifenkraut** sieht man häufig an Wegrändern und Bahndämmen. Die blaßrosa bis weißlichen 5strahligen Blüten sitzen büschelartig an der Spitze des Stengels und werden von Nachtfaltern besucht. Die Pflanze enthält schaumbildende Stoffe und wurde deshalb früher bei der Herstellung von Waschmitteln verwendet.

Bei der **Kartäuser-Nelke** sitzen mehrere Blüten in einem engen Büschel an der Spitze des Stengels. Außer dem Kelch sind auch die beiden dicht daruntersitzenden Hochblättchen braun und trockenhäutig.

Die **Heide-Nelke** trägt an den manchmal verzweigten Stengelspitzen nur je eine Blüte. Die beiden kleinen Hochblättchen gleich unterhalb des braunen Kelches sind grün. Die Heide-Nelke liebt kalkarmen, die Kartäuser-Nelke kalkreichen, trockenen Boden.

Die **Rote Lichtnelke** gedeiht an etwas schattigen Stellen feuchter Wiesen. Die länglichen zugespitzten Blätter sitzen sich, wie bei allen Nelkengewächsen, am Stengel paarweise gegenüber.
Die **Pechnelke** bevorzugt trokkene und felsige Plätze. Unterhalb der gegenständigen Blätter ist der Stengel mit einem schwarzen pechartigen Leim überzogen.
Die **Kuckucks-Lichtnelke** bewohnt feuchte Wiesen und Flachmoore. An ihrem bis über 50 cm hohen Stengel findet man oft »Kuckucksspeichel«, also Zikadenschaum (s. S. 184). Jedes der 5 fleischfarbenen Blütenblätter ist in 4 schmale Zipfel aufgespalten.

Die pfeilförmigen Blätter des **Wiesen-Ampfers** oder Wiesen-Sauerampfers schmecken säuerlich und werden von Tieren meist gemieden. Aus der Ferne wirkt der bis 1 m hohe Blütenstand dunkelweinrot. Das Rot wird noch kräftiger, wenn die zahlreichen 3kantigen Früchte reif sind.
Der nur höchstens 30 cm hohe **Kleine Ampfer** oder Kleine Sauerampfer gedeiht auf sandigen, kalkarmen Stellen.
Der Wiesen- oder **Schlangen-Knöterich** liebt feuchte, moorige Wiesen. Der bis 1 m hohe Stengel ist durch knotenartige Verdickungen gegliedert und trägt einen dichten, ährenartigen hellroten Blütenstand. Der Wurzelstock ist schlangenartig gekrümmt.

Der borstig behaarte **Natterkopf** blüht leuchtend blau an fast jedem Wegrand. Seinen Namen erhielt er wegen der Ähnlichkeit des vorn aufgespaltenen Narbenblattes mit einer Natternzunge. Es ragt wie die Staubblätter aus der tütenförmigen Blüte heraus.
Die braunrot blühende **Hundszunge** wächst an Wegrändern. Rauhe Haare und ein unangenehmer Geruch wirken abwehrend gegen Schnecken und andere Pflanzenfresser.
Den kräftigen Wurzelstock des **Beinwells** hielt man früher für ein Heilmittel bei Knochenbrüchen. Aus ihm wachsen ein Büschel großer haariger Blätter sowie einige beblätterte Stengel. Die glockigen Blüten können violett, rötlich oder weißlich sein und hängen an einem Blütenstand, der anfangs spiralig eingerollt ist. Sie blühen nacheinander auf und werden eifrig von Bienen besucht.

Der **Wundklee** liebt sonnigen, kalkreichen Boden. Er wird auch als Arzneipflanze angebaut. Durch feine seidige Behaarung schimmert er wollig-silbrig. Die Blätter sind nicht 3-, sondern 5- bis 7teilig gefiedert.
Der **Rot-Klee** kommt nicht nur weit verbreitet auf Wiesen vor, sondern wird auch als wertvolle Futterpflanze auf Feldern angebaut.
Der zierliche **Feld-Klee** blüht goldgelb und wächst auf sandigen Feldern und Wiesen sowie an Wegrändern.
Die **Bunte Kronwicke** ist auf Wiesen und Böschungen zu finden. Jede Blütendolde setzt sich aus 15 bis 20 Blüten, jedes Blatt aus 8 bis 10 Fiederpaaren zusammen.

Weißer Steinklee und **Gelber Steinklee** sind sich äußerlich bis auf die Blütenfarbe sehr ähnlich. Beide wachsen bevorzugt an Weg- und Feldrändern und anderen unbebauten Stellen.
Der **Hasen-Klee** kommt auf sandigem, trockenem Boden häufig vor. Er blüht rosaweißlich. Nach dem Verblühen erinnern die sandfarbenen Köpfchen an Hasenschwänzchen.

Weißer Steinklee

Hasen-Klee

Gelber Steinklee

Die Blätter der **Vogel-Wicke** sind etwa 10paarig gefiedert und enden in 2 kleinen Ranken. Mit ihnen kann sich die Pflanze an ihren Nachbarn festklammern und so auch in die Höhe wachsen. Die violetten Blüten sitzen in einer schlanken, langgestielten Traube.

Die **Dornige Hauhechel** bildet auf Weiden oft kleine, 50 cm hohe Gebüsche. Da sie unangenehm riecht und lange Dornen trägt, wird sie vom Vieh gemieden.

Die **Bärenschote** findet sich an Weg- und Gebüschrändern. Am niederliegenden Stengel sitzen große, unpaarig gefiederte Blätter. Die länglichen Hülsenfrüchte stehen aufrecht und neigen sich zueinander.

Vogel-Wicke

Bärenschote

Dornige Hauhechel

Der graugrüne **Feld-Beifuß** gedeiht an trockenen Stellen. Die Blätter sind in viele schmale Zipfel aufgefiedert, und der rispenartige Blütenstand besteht aus zahlreichen kleinen gelbbraunen Blütenkörbchen.
Die **Gelbe Reseda** ist hier und da an Wegrändern und Bahndämmen zu sehen. Ihre kleinen hellgelben Blüten sitzen in einer dichten Kerze.
Die distelartige **Feld-Mannstreu** wächst im Tiefland an sandigen, trockenen Stellen. Die ganze Pflanze wirkt graugrün bis weißlich und ist stark verzweigt. Ihre Blätter laufen in zahlreiche dornige Spitzen aus, die weißlichen Blütenköpfe sind fast kuglig.

Die **Bärenklau** entwickelt einen mannshohen, dicken, kantig gefurchten Stengel mit weißen Doldenblüten. Die Dolde setzt sich aus 20 bis 40 Einzeldolden zusammen. Charakteristisch sind die großen, breitflächigen Blätter. Der bis 1,5 m hohe **Wiesen-Kerbel** ist unser häufigstes Doldengewächs. Die Blätter sind farnähnlich 2- bis 3fach gefiedert. Die weiße Blütendolde bietet meist zahlreichen Insekten Platz und Nahrung.

Der **Gemeine Pastinak** blüht gelb, hat einen kantigen Stengel und einfach gefiederte Blätter. Die Pflanze wächst auf Wiesen und an Wegrändern und wurde früher wie die Möhre als Wurzelgemüse angebaut.

Die **Wilde Möhre** läßt sich an den vogelnestförmigen Dolden und dem typischen Möhrengeruch aller Pflanzenteile gut erkennen. Die Wurzel ist im Gegensatz zur Zuchtform zäh und holzig.

Die **Kleine Pimpinelle** oder der Bibernell kommt auf trockenen Hügeln und Wegrändern vor. Die 4- bis 7paarig gefiederten Blätter sitzen meist am Grunde der Pflanze, der Stengel ist fast blattlos. Die Wurzel wurde zur Arzneigewinnung gesammelt.

Der **Gemeine Dost** liebt warme, trockene Hänge. Die rosa-violetten Lippenblüten vereinen sich zu mehreren doldenähnlichen Blütenständen. Die Pflanze enthält ein ätherisches Öl, das ihr den starken, angenehm würzigen Duft verleiht. Früher war sie ein Arzneimittel.

Blühender **Meerrettich** wird über 1 m hoch. Die zahlreichen Einzelblüten im doldenähnlichen Blütenstand sind weiß. Die großen länglichen Blätter entspringen aus der langen kräftigen Wurzel, die man als Gewürz nutzt.
Der **Acker-Hohlzahn** gehört zu den Lippenblütlern. Auf der Unterlippe der überwiegend roten Blüte erheben sich 2 hohle zahnartige Höcker. Früher auf sandigen Äckern häufig, findet man ihn heute fast nur noch an Wegrändern.
Der **Zurückgebogene Fuchsschwanz** wanderte wahrscheinlich aus Nordamerika bei uns ein und gehört heute zu den häufigsten Unkräutern. Der knäulig ährenförmige Blütenstand besteht aus vielen hundert dicht beieinandersitzenden grünen Einzelblüten.
Der **Schwarze Nachtschatten** hat weiße Blüten und schwarze Beeren. Die etwa 50 cm hohe Giftpflanze kommt an Wegrändern und als Unkraut auf Feldern vor.

Der **Frauenmantel** bekam seinen Namen nach der Form seiner Blätter, die an einen Umhängemantel früherer Zeit erinnert. Dem auffälligen Tautropfen, der sich morgens in der Mitte des leicht gefalteten Blattes bildet, schrieb man wundertätige Eigenschaften zu.
Den **Zahntrost** hielt man früher für ein Mittel gegen Zahnschmerz. Die Pflanze ist ein Halbschmarotzer. Mit ihren Wurzeln und grünen Blättern kann sie selbständig leben, doch beschafft sie sich mit kleinen Saugwurzeln zusätzlich Nährstoffe aus anderen Pflanzen, besonders Gräsern.
Arznei aus **Augentrost** sollte gegen Augenleiden helfen – das ist jedoch ein Irrtum. Die gewöhnlich 20 bis 30 cm hohe Pflanze hat dunkelgrüne, eiförmige Blätter mit gezähntem Rand. Die weißlichen Blüten sind 2lippig.
Der **Scharfe Mauerpfeffer** bildet auf sandigem oder felsigem Boden, auch auf Eisenbahnschotter und Mauern dichte immergrüne, nur 10 cm hohe Rasen. Im Sommer aber wird fast alles Grün von der prächtigen gelben Blütenfülle verdeckt. Die kleinen dickfleischigen Blätter haben einen pfefferartigen Geschmack.

Das weit verbreitete **Knäuelgras** ist leicht an den zu mehreren Knäueln vereinigten kleinen Ährchen zu erkennen. Es wird als ertragreiches Futtergras häufig angebaut.
Der **Windhalm** findet sich als lästiges Ackerunkraut noch heute auf vielen Feldern. Oft überragt er das Getreide und ist schon aus der Ferne als dunkler Schleier über dem Feld zu erkennen.
Beim **Zittergras** hängen die kleinen rundlichen Einzelährchen an besonders dünnen Stielen, so daß sie schon bei geringem Wind leicht erzittern. Dieses schöne Gras findet sich auf trockenen Wiesen; eine besondere Zuchtform wird auch in Gärten angepflanzt.

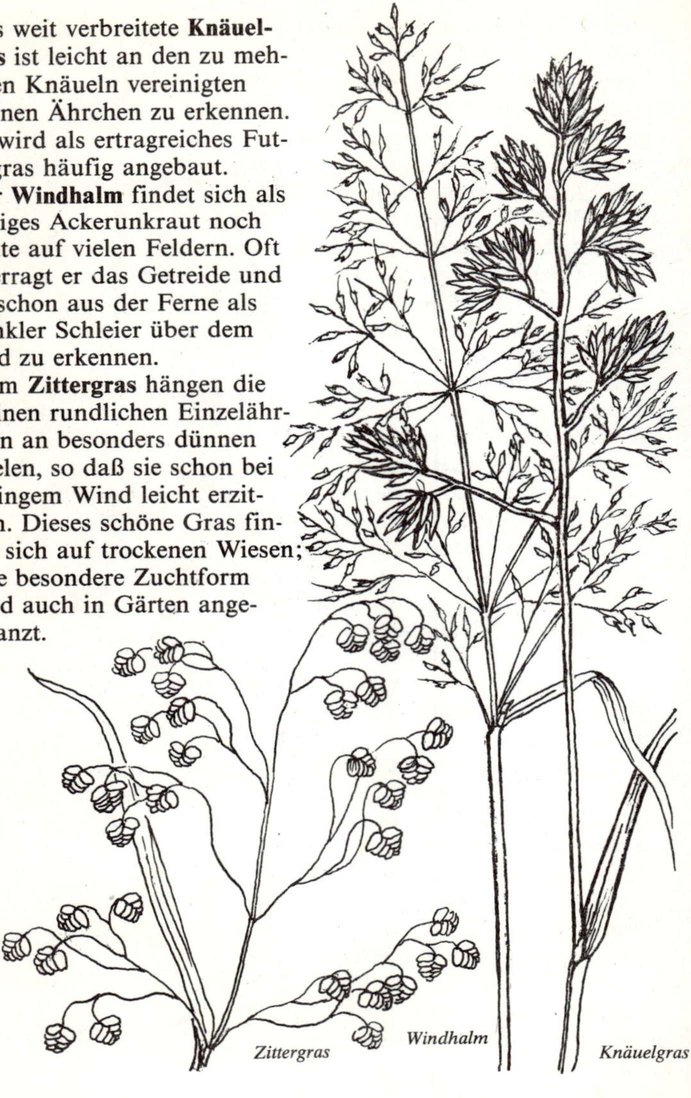

Den **Sumpf-Sitter** findet man auf nassen, kalkreichen Moorwiesen nur noch selten. Er gehört zu den Orchideen. Die weißen Blüten bestehen aus 6 Blütenblättern, von denen das unterste eine breite Unterlippe bildet.
Wollgras ist nur auf nassen Wiesen und Mooren anzutreffen. Die weißen Wollbäusche an der Spitze des 3kantigen Stengels zeigen nicht die Blüte, sondern die Fruchtreife an. Jede einzelne Frucht ist mit zahlreichen Härchen besetzt, die sie bei Wind gut durch die Luft tragen können.
Beim **Breitblättrigen Knabenkraut** formen die 3 obersten rötlichen Blütenblätter einen helmartigen Regenschutz für die inneren Blütenteile. Das unterste Blütenblatt bildet eine breite, 3teilige Unterlippe. Auf ihr landen die Hummeln und Fliegen, wenn sie an den Nektar im Innern der Blüte gelangen wollen. Die einst auf nassen Wiesen häufige Orchidee ist heute immer seltener anzutreffen.

Mäuse-Gerste und **Taube Trespe** finden sich häufig an Wegrändern auf trockenen, sandigen Stellen. Der Blütenstand der Mäuse-Gerste ähnelt einer Gerstenähre, der der Tauben Trespe erinnert an eine Haferrispe.

Quecke und **Weidelgras** haben seitlich des Halmes angeordnete Ährchen. Jedoch sitzen sie bei der **Quecke quer** zum Halm, beim Weidelgras dagegen längs. Während die harte Quecke ein sehr lästiges Unkraut ist, gilt das Weidelgras als gute Futterpflanze.

Wiesen-Fuchsschwanz und **Wiesen-Lieschgras** sind wertvolle Futtergräser. Beide haben dichte ährenähnliche Blütenstände und lassen sich erst nach Untersuchung der Einzelblüten sicher unterscheiden.

Der eßbare **Wiesen-Champignon** wächst besonders auf Viehweiden, aber auch auf Feldern und Wegrändern. Die Blätter der Hutunterseite sind zuerst rosa, später schokoladenbraun.

Taube Trespe

Wiesen-Champignon

Das **Silbergras** ist oftmals der erste Ansiedler auf blankem Sand und wird deshalb als Pionierpflanze bezeichnet.
Die **Gelbe Baumflechte** wächst auf großen Feldsteinen oder alter Baumrinde, solange die Luft sauber bleibt. In der Mitte des runden, braungelben Pflanzenlagers bilden sich braune, tellerförmige Fruchtkörper.
Hut und Blätter des **Lilastieligen Rötelritterlings** sind schmutzigweiß, der Stiel ist lila gefärbt. Dieser Speisepilz erscheint erst im Herbst auf Wiesen.
Der **Riesenbovist** kann fußballgroß werden. Junge Fruchtkörper sind innen weiß und eßbar, später verwandelt sich der größte Teil des Inhalts in dunklen Sporenstaub.

Gelbe Baumflechte

Silbergras

Riesenbovist

Lilastieliger Rötelritterling

Die **Heideschnecke** hat ein auffallend flaches Gehäuse, die **Turmschnecke** dagegen trägt ein weißes hochgetürmtes Haus. Beide Schnecken lieben Wärme und vertragen Trokkenheit, daher findet man sie auf Kalk- und Sandböden, an sonnigen Hängen und Bahndämmen.

Heideschnecke

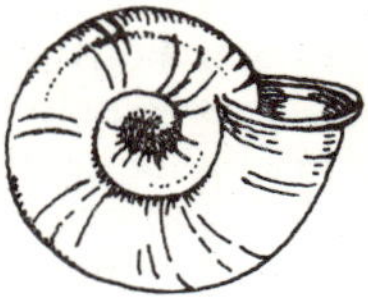

von unten

Turmschnecke

Die **Zebraspinne** ist unverwechselbar wespenartig gelb-schwarz gezeichnet. Kopfunter sitzt sie in der Mitte ihres senkrecht hängenden Radnetzes, das sie zwischen niedrigen Pflanzen erbaut hat.

Zebraspinne

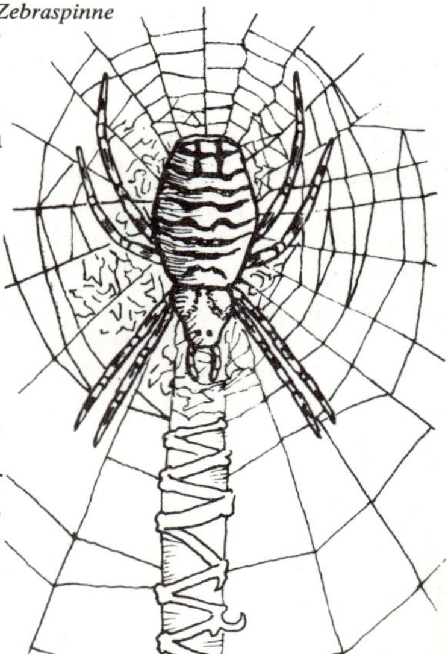

Die **Krabbenspinnen** erinnern an Krabben, denn sie halten ihre Beine seitlich abgespreizt und laufen auch seitwärts. Sie bauen keine Netze, sondern lauern auf der Spitze von Pflanzen, meist im Blütenstand, auf Insekten. Ihre Körperfarbe ist oft verblüffend genau dem Untergrund angepaßt.

Die **Streckerspinnen** strecken bei Gefahr ihre 4 Beinpaare nach vorn und hinten, wodurch sie zwischen den Grashalmen recht unauffällig werden. Zum Beutefang errichten sie Radnetze.

Krabbenspinne

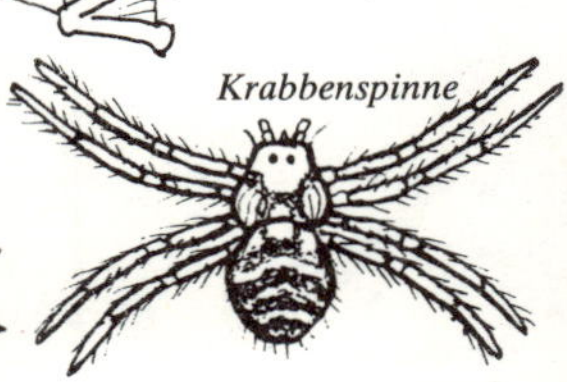

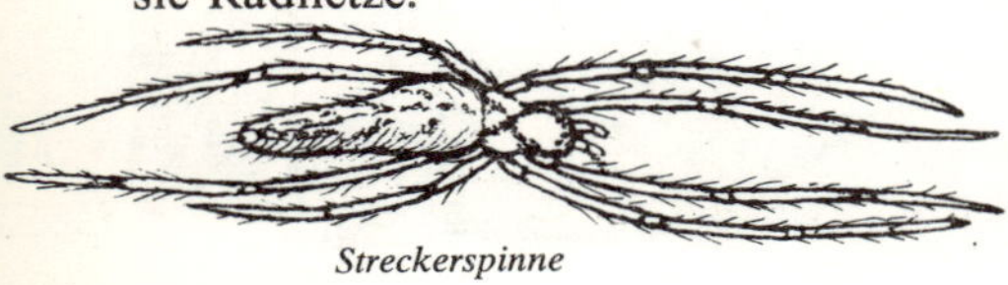

Streckerspinne

Die gelbliche **Getreide-Spitzwanze** hat einen gleichmäßig spitz zulaufenden Vorderkörper. Sie saugt an Gräsern und Getreide, am liebsten an noch weichen, milchigen Weizenkörnern.
Die graugrüne **Wiesenwanze** ist weit verbreitet. Sie saugt ihre Nahrung aus vielerlei Pflanzen, auch aus Bäumen.
Die **Randwanze** hat einen flachen Hinterkörper, dessen Rand aufwärts gebogen ist. Sie lebt auf Ampfer- und Knötericharten (s. S. 158).
Die **Schnakenwanze** macht am Boden oder zwischen niedrigen Pflanzen Jagd auf kleine Insekten, die sie aussaugt. Im trockenen Gras kann man das braune schlanke, 1 cm lange Insekt mit den Stelzenbeinen nur schwer entdecken.

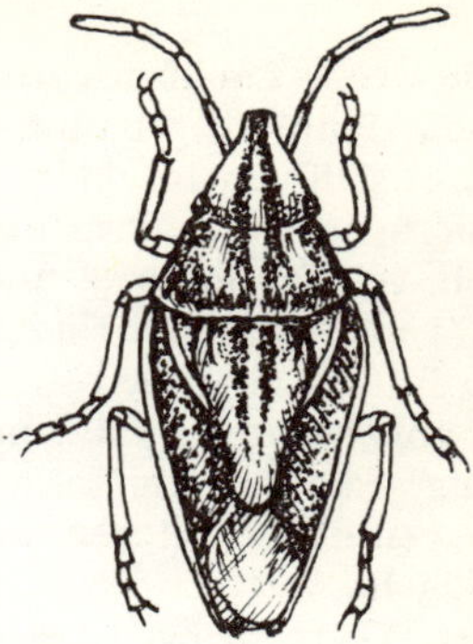

Getreide-Spitzwanze

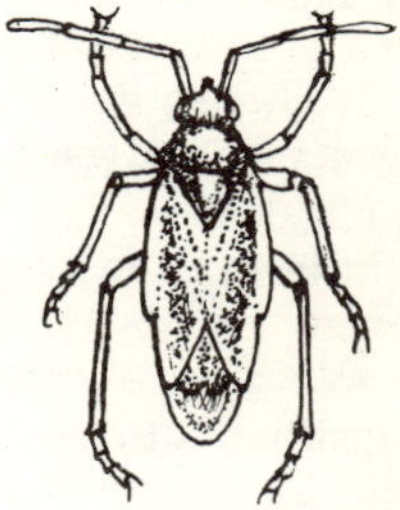

Wiesenwanze

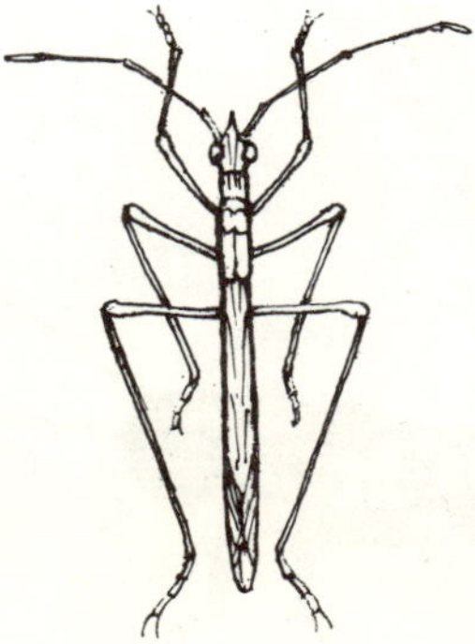

Schnakenwanze

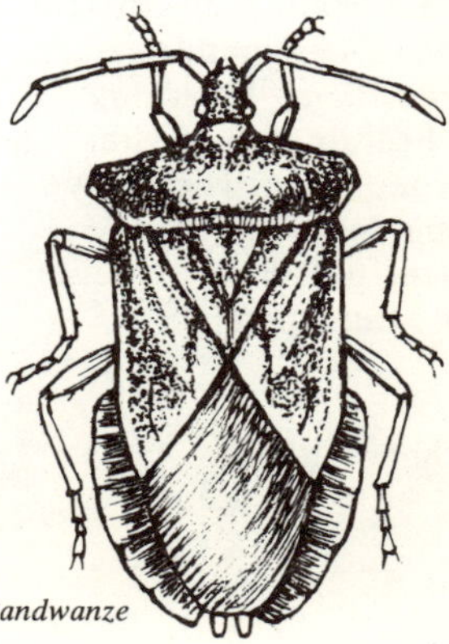

Randwanze

Die **Grüne Laubheuschrecke**, auch Heupferd genannt, ernährt sich von Insekten. Erwachsene Tiere, an den großen, vollständig ausgebildeten Flügeln erkennbar, finden wir ab Juli bis zum Herbst. Alle Laubheuschrecken haben sehr lange Fühler. Den Gesang erzeugen die Männchen mit den Flügeln.

Der **Warzenbeißer** ist eine bis 4 cm lange kräftige, gedrungene Laubheuschrecke, die überwiegend Insekten frißt. Die Weibchen haben einen langen säbelartigen Legebohrer, mit dem sie ihre Eier sogar in feste Erde versenken können.

Die schwarze, über 2 cm lange **Feldgrille** baut eine Erdröhre, in die sie sich bei der geringsten Störung zurückzieht. Das Zirpen der Männchen entsteht durch das Übereinanderreiben der Vorderflügel. Es ertönt nur im Frühling und Frühsommer und dient wie der Vogelgesang dem Anlocken eines Weibchens und dem Abweisen anderer Männchen.

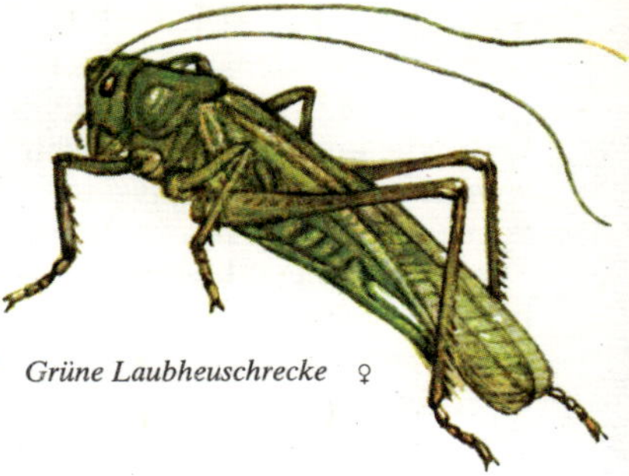

Grüne Laubheuschrecke ♀

Warzenbeißer ♀

Feldgrille

Die Männchen der **Grashüpfer** erzeugen ihren Zirpgesang, indem sie mit den Hinterbeinen an den Flügeln reiben. Die pflanzenfressenden Grashüpfer sind weit verbreitet und häufig, sie bilden daher eine wichtige Nahrungsquelle für viele insektenfressende Tiere, wie Vögel und Eidechsen, Spitzmäuse und für andere Insekten.
Die kleine **Dornschrecke** (nur 1 cm lang) hat einen dornförmig nach hinten verlängerten Halsschild. Im Gegensatz zu den meisten anderen Schrekken findet man Dornschrekken schon im Frühjahr, da sie nicht als Eier, sondern als erwachsene Tiere überwintern.
Die **Sandheuschrecke** und die **Blauflüglige Ödlandschrecke** leben auf trockenen, sandigen pflanzenarmen Stellen. Erst im Spätsommer sind sie ausgewachsen und haben Flügel. Jetzt können sie bei der Flucht nicht nur springen, sondern auch ein paar Meter weit fliegen, wobei man ihre blauen Hinterflügel sieht. Beim ersten Frost sterben sie, nur ihre Eier überwintern.

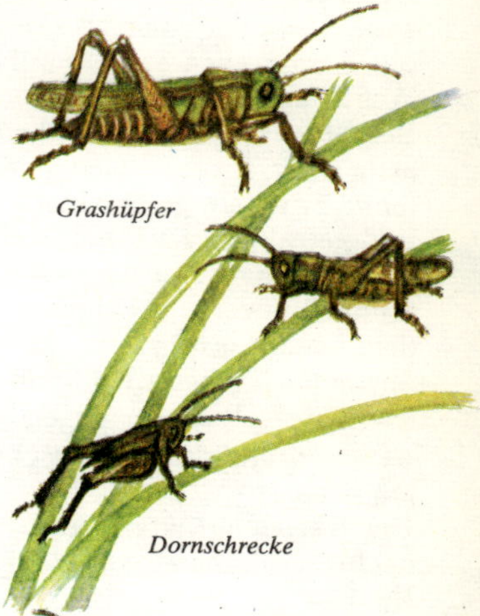

Grashüpfer

Dornschrecke

Sandheuschrecke

Blauflüglige Ödlandschrecke

Den **Feld-Sandlaufkäfer** finden wir bei Sonnenschein an sandigen, trockenen Stellen, auf Wegen und in Sandgruben. Bei Gefahr flüchtet er fliegenartig flink, fliegend oder laufend. Er ist ein geschickter und gefräßiger Kleintierjäger.
Der **Goldlaufkäfer** oder Goldschmied bevorzugt Lehmboden, wo er tagsüber auf der Suche nach lebender oder toter Beute – Raupen, Regenwürmern und anderen Insekten – ist.
Der **Gartenlaufkäfer** jagt nachts, er erbeutet vor allem Raupen von Nachtschmetterlingen. Tagsüber hält er sich am Boden unter Steinen oder ähnlichem verborgen.
Der 1,5 cm lange **Getreidelaufkäfer** ist in Getreidefeldern auf lehmig-sandigem Boden zu finden. Er frißt nachts an den Pflanzen und klettert sogar bis in die Ähren, um an die Körner zu gelangen.

Feld-Sandlaufkäfer

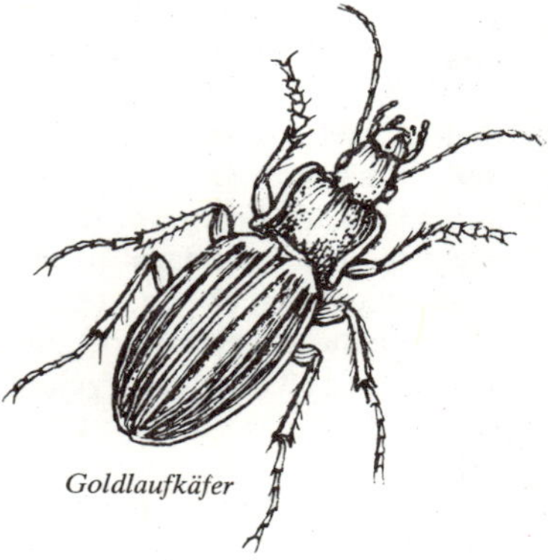

Goldlaufkäfer

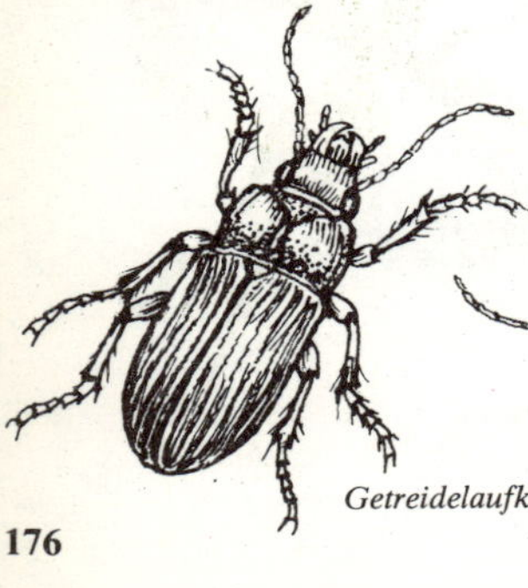

Getreidelaufkäfer

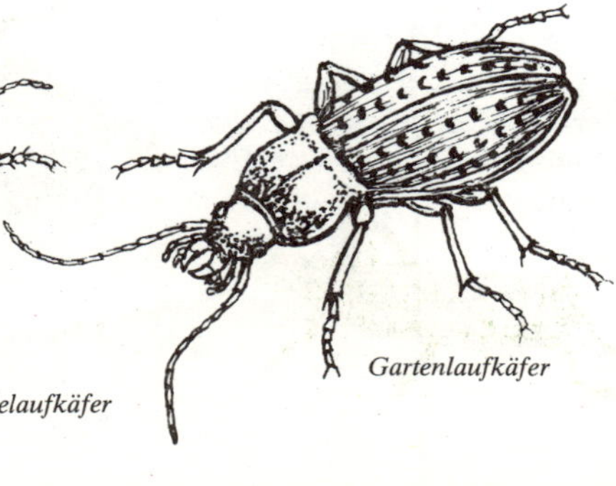

Gartenlaufkäfer

Die **Weichkäfer** sitzen bei sonnigem Wetter gern auf Doldenblüten und anderen Wiesenblumen, bei Regen jedoch am Boden unter Blättern. Sie ernähren sich teils von zarter Pflanzenkost, teils von Blattläusen und kleinen Raupen. Die schlanken, ovalen **Schnellkäfer** (s. S. 111) halten sich an Pflanzen, besonders auf den Blüten auf. Sie verdanken ihren Namen der Fähigkeit, sich aus einer ungewöhnlichen Lage (auf dem Rücken liegend) oder bei Gefahr blitzartig emporzuschnellen. Das ist durch ein kompliziertes Gelenksystem an der Brust der Käfer möglich. Die kurzen und schwachen Beine bleiben dabei am Körper angelegt. Die Larven heißen wegen ihres glatten und festen Körpers Drahtwürmer (s. S. 56). Sie ernähren sich im Boden von pflanzlichen Stoffen und werden in großer Zahl gelegentlich schädlich.

Weichkäfer

Schnellkäfer

Der **Kartoffelkäfer** und seine **Larve** ernähren sich von Blättern der Kartoffelpflanze. Dadurch ist er bei massenhaftem Auftreten ein gefürchteter Schädling. Das Eigelege findet man an der Unterseite der Blätter. Der Käfer stammt, wie die Kartoffel (s. S. 135) selbst, aus Amerika und ist erst in der Mitte dieses Jahrhunderts bei uns eingedrungen.

Die **Schildkäfer** wirken durch den verbreiterten Rand der Deckflügel und des Vorderkörpers schildförmig. Man findet sie meist an den Blättern von Rüben, Melde und anderen Gänsefußgewächsen (s. S. 36).

Die rundlichen **Blattkäfer** sind meist metallisch grün, blau oder schwarz gefärbt. Sie sind reine Pflanzenfresser und gewöhnlich auf nur wenige oder eine einzige Futterpflanze spezialisiert. Bei Gefahr lassen sich die auffälligen Käfer fallen.

Kartoffelkäfer-Larve

Kartoffelkäfer

Schildkäfer

Blattkäfer

Der **Ölkäfer** heißt auch Maiwurm, da er nur im Frühling auftritt und eine langgestreckte Gestalt hat; das Weibchen wird über 3 cm lang. Käfer und Larven sind Pflanzenfresser.

Die **Laufkäfer-Larven** sind gefräßige Kleintierjäger (s. S. 56). Mit ihren gut ausgebildeten Laufbeinen, kräftigen Mundwerkzeugen und einer stark gepanzerten Körperoberfläche können sie sogar Beutetiere jagen und überwältigen, die größer als sie selbst sind.

Rüsselkäfer haben einen rüsselartig verlängerten Vorderkopf, an dessen Spitze sich die kleinen, aber sehr kräftigen Mundwerkzeuge befinden. Sie leben von Früchten oder Blättern.

Ölkäfer

♀

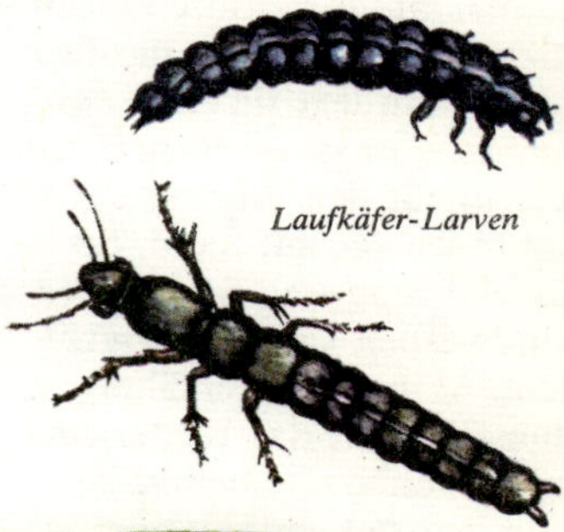

Laufkäfer-Larven

Rüsselkäfer

Der nur 1 cm großen **Goldwespe** begegnet man nur bei sonnigem Wetter. Auf Doldenblüten ernährt sie sich von Nektar. An lehmigen Hängen sucht sie nach Brutröhren anderer Wespen und Bienen, um ihre Eie. darin abzulegen.
Die **Sandwespe** mit der schlanken, stielartigen Wespentaille trifft man auf sandigen Wegen. Mit Beinen und Mundwerkzeugen gräbt sie ein tiefes Loch. Danach sucht sie eine Raupe, lähmt sie durch einen Stich und trägt sie in die Brutröhre. Nun legt sie ein Ei an die bewegungslose Raupe und verschließt den Zugang der Röhre wieder mit Sand. So ist für Nahrung und Schutz der Sandwespen-Larve gesorgt.
Beim Männchen der **Skorpionsfliege** ist das Hinterleibsende ähnlich wie beim Skorpion geformt, enthält aber weder Gift noch Stachel, sondern ist Begattungsorgan. Der Kopf ist schnabelartig verlängert, die Tiere ernähren sich von toten und kranken Insekten.
Die **Dungfliegen** versammeln sich auf frischen Kuhfladen oder anderem Kot, um hier ihre Eier abzulegen. Ihre Nahrung besteht jedoch aus Insekten, die sie mit ihrem spitzen Rüssel aussaugen.

Goldwespe

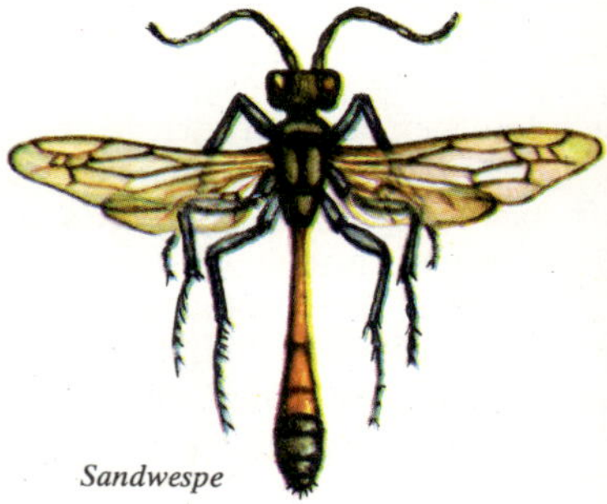

Sandwespe

Skorpionsfliege ♂

Dungfliege

Die **Schwebfliegen** können auf der Stelle schweben, dabei schlagen sie so schnell mit ihren Flügeln, daß von ihnen nur noch ein Flimmern zu sehen ist. Durch ihre Färbung und oft auch durch das Fluggeräusch sind sie Bienen und Wespen verblüffend ähnlich. Sie ernähren sich von Nektar und Pollen. Ihre Larven sind dagegen teils gefräßige Blattlausjäger, teils Schlamm- und Jauchebewohner.

Bis zu 2 cm groß wird die **Rinderbremse**. Während die Männchen sich nur von Pflanzensäften ernähren, benötigen die Weibchen für die Entwicklung ihrer Eier Blut. Aus weiter Entfernung spüren sie vor allem Rinder auf, durchbohren mit ihren Mundwerkzeugen die Haut und saugen Blut auf.

Schwebfliegen

Rinderbremse

Den **Schwalbenschwanz** trifft man an sonnigen Wiesenhängen oder auf Möhrenfeldern, denn die Möhre und andere Doldengewächse sind die Hauptnahrungspflanzen der Raupen. Alle Tagfalter, auch ihre Larven, stehen unter Naturschutz!

Der **Aurorafalter** erscheint im Frühling auf Wiesen, besonders im Schutz von Waldrändern. Das Weibchen, dem der orangefarbene Fleck fehlt, legt seine Eier an das Wiesen-Schaumkraut (s. S. 140) und andere Kreuzblütengewächse.

Das **Damebrett** fliegt im Sommer an Wegrändern, Bahndämmen und Hügeln und setzt sich gern auf die Blüten der Acker-Witwenblume (s. S. 152).

Der **Dukatenfalter** sucht zur Ablage der Eier besonders Sauerampfer (s. S. 158) und Goldrute (s. S. 35) auf.

Der **Mauerfuchs** sitzt gern an Steinen oder Mauern. Er bewohnt vor allem Wiesen des Hügellandes oder in Waldnähe.

Schwalbenschwanz

Schwalbenschwanz-Raupe

♂

Aurorafalter

♀

Damebrett

Mauerfuchs

Dukatenfalter

Bei den **Bläulingen** haben nur die Männchen bläuliche Flügeloberseiten, die Weibchen sind dagegen bräunlich. Die Raupen leben an Klee- und Wickenarten (s. S. 160, 162).
Heufalter sind gelbbraun und haben kleine Augenflecken auf den Flügeln. Durch ihre Häufigkeit bilden sie und ihre Raupen ein wichtiges Futter für viele Wiesentiere.
Widderchen oder Blutströpfchen trifft man im Sommer häufig auf Witwenblumen- und Distelblüten (s. S. 152, 154). Sie sind wenig scheu und fliegen schwerfällig schwirrend. Ihre Raupen leben an Klee- und Wickenarten (s. S. 160, 162).
Das **Ochsenauge** gehört zu den Augenfaltern, die meist braune Flügel mit sogenannten »Augenflecken« haben. Ihre Raupen leben an verschiedenen Gräsern.

♂

Bläulinge

♂

♀

♂

Heufalter

Ochsenauge

Widderchen

Der **Wolfsmilch-Schwärmer** und seine Raupe sind an trokkenen, grasigen Stellen anzutreffen, wo auch die Zypressen-Wolfsmilch (s. S. 143) gedeiht. An dieser Pflanze legt das Schwärmer-Weibchen seine Eier ab. Die gefräßigen Raupen sind im Spätsommer ausgewachsen, wandeln sich in Puppen um und überdauern so den Winter.

Die 1 cm lange **Blutzikade** saugt an Wiesenpflanzen des Hügellandes.

Die große **Wiesenschnake** mit ihren langen Beinen und den schmalen Flügeln ist ein harmloses, zerbrechliches Insekt. Die grauen Larven (»Erdwürmer«) dagegen richten mitunter Schaden an – tags fressen sie unterirdisch an Wurzeln, nachts auch über der Erde an Blättern und Stengeln. Für viele Tiere sind die Schnaken und ihre Larven ein wichtiges und beliebtes Futter.

»Kuckucksspeichel« werden die kleinen Schaumklümpchen an verschiedenen Wiesenpflanzen genannt. Diesen Schaum erzeugt die Larve der **Wiesen-Schaumzikade.**

Der etwa hühnergroße **Mäusebussard** ist unser häufigster Greifvogel. Man sieht ihn in langsamem Segel- oder Rüttelflug oder auf einem Baum oder Mast sitzend nach Beute spähen. Sein Name sagt, daß er sich überwiegend von Mäusen ernährt, die er mit seinen Füßen ergreift und tötet.
Der **Rotmilan**, auch Gabelweihe genannt, ist etwas größer als der Mäusebussard und durch den längeren und gegabelten Schwanz leicht von ihm zu unterscheiden. In schaukelndem Flug sucht er Mäuse, Maulwürfe, Hamster, nimmt auch Heuschrecken und Regenwürmer und überfahrene Tiere vom Straßenrand.
Der **Weißstorch** sucht auf Wiesen und Feldern nicht nur Frösche, sondern auch Mäuse und Jungvögel, Insekten und Regenwürmer. Seine Beutetiere nehmen aber durch das Trockenlegen feuchter Wiesen, durch Schädlingsbekämpfung und andere moderne Methoden in der Landwirtschaft immer mehr ab, so daß auch die Störche seltener werden.

Mäusebussard

Rotmilan

Weißstorch

Die **Feldlerche** bewohnt freie Felder und Wiesen, ihr Nest baut sie an der Erde. Während sie am Boden auf Grund ihrer Tarnfarbe kaum auffällt, macht sich das Männchen in der Luft durch den langsamen Steigflug und den jubilierenden Gesang weithin bemerkbar. Man kann sie schon ab Februar hören, da die Feldlerche als erster Frühlingsbote aus dem Süden zurückkehrt oder sogar hier überwintert.

Die **Goldammer** trifft man an Wiesen, Feld- und Wegrändern in der Nähe von Bäumen und Sträuchern. Ihr Nest befindet sich am oder kurz über dem Boden. Sie lebt von Insekten und Sämereien und bleibt über Winter meist hier.

Der **Steinschmätzer** hält sich auf Ödland, in Kiesgruben und Steinbrüchen auf. Gern sitzt er auf erhöhten Stellen, läuft viel auf dem Boden und knickst häufig. Das Nest befindet sich geschützt in einem Steinhaufen oder Kaninchenbau.

Die **Schafstelze** oder Viehstelze liebt kurzgrasige Viehweiden, über die sie laufen und ihre Insekten- und Würmernahrung suchen kann.

Feldlerche

Goldammer ♂

Steinschmätzer ♂

Schafstelze ♂

Der scheue, taubengroße **Kiebitz** lebt zur Brutzeit auf feuchten Wiesen, sonst auch auf Feldern. Sein Name leitet sich von dem heiseren Ruf ab. Auffallend ist auch der schaukelnde, »wuchtelnde« Flug mit den breiten Flügeln. Die 4 Eier liegen offen in einer flachen Mulde und sind doch nur schwer zu entdecken.
Das **Rebhuhn** lebt außerhalb der Brutzeit in Gruppen von 10 bis 20 Tieren. Sie fliegen nur selten, auch einer Gefahr weichen sie lieber zu Fuß aus. Gelingt ihnen das einmal nicht, fliegen sie plötzlich mit lautem, »burrendem« Fluggeräusch auf, wodurch fast jeder Feind erschreckt wird.
Der **Fasan** benötigt in seinem Lebensgebiet gute Versteckmöglichkeiten in Gebüschen oder anderen Pflanzendickichten. Seine ursprüngliche Heimat liegt in Asien. Im Winter erhält er vom Menschen zusätzlich Futter. Ohne diese Hilfe könnte der Fasan bei uns kaum überleben.

Kiebitz

Rebhuhn ♂

Fasan ♂

Die **Zauneidechse** bewohnt Wegränder, Hänge, Steinbrüche, wo sie sich gut verstecken und ausreichend Insekten, Spinnen und Schnecken finden kann. Wird sie von einem Feind nur am Schwanz ergriffen, so löst sich dieser leicht ab und ermöglicht der Echse die Flucht. Im Laufe der Zeit bildet sich ein neuer, aber steifer und etwas kürzerer Schwanz.
Die **Feldmaus** gehört zur Gruppe der Wühlmäuse und hat kurze Beine, kurze Ohren, einen kurzen Schwanz und kleine Augen. Sie ist wahrscheinlich unser häufigstes Kleinsäugetier und kann beträchtlichen Schaden an Nutzpflanzen anrichten. Aber ohne Feldmäuse gäbe es sicherlich keine Mäusebussarde, Turmfalken, Wiesel und viele andere Mäusejäger.
Die **Waldmaus** gehört zur Gruppe der Langschwanzmäuse. Sie hat einen langen Schwanz (Körperlänge), große Ohren und Augen. Im Gegensatz zu ihrem Namen bevorzugt sie offenes Gelände.
Die **Zwergmaus** ist unser kleinstes Nagetier, sie wird höchstens 14 cm lang (7 cm davon Schwanz). Sie baut ihr kugliges Grasnest in Haferfeldern, Grasdickichten und Schilf.

Zauneidechse ♂

Feldmaus

Waldmaus

Zwergmaus

Der **Hamster** kommt nur auf fruchtbarem Lehmboden vor. Im Winter hält er in seinem Erdbau Winterschlaf, den er ab und zu unterbricht, um von seinen in einer Nebenkammer gespeicherten Kornvorräten zu fressen.

Hermelin und Mauswiesel sind unsere kleinsten Raubtiere. Während das Wiesel so schlank ist, daß es in die engen Mäusebaue eindringen kann, ist das Hermelin (oder Großes Wiesel) so kräftig, daß es auch die viel größeren Kaninchen, Hasen und Fasane überwältigen kann. Im Winter trägt das Hermelin einen bis auf die immer schwarzgefärbte Schwanzspitze weißen Winterpelz, das Mauswiesel bleibt dagegen braun.

Der **Hase** wird größer als ein Wildkaninchen, hat längere Ohren und schwarze Ohrspitzen. Er gräbt keinen Erdbau, sondern wühlt nur eine flache Mulde, die „Sasse“. Bei Gefahr bleibt der Hase meist unbeweglich in seiner Sasse sitzen und wird auf Grund seiner Tarnfarbe trotz seiner Größe nicht entdeckt.

Hamster

Hermelin

Hase

Pflanzen und Tiere im Gewässer und am Ufer

Wie unterschiedlich sind unsere Binnengewässer! Vom schnellfließenden Bach bis zum träge dahinströmenden Fluß, vom tiefen See bis zum flachen, im Sommer austrocknenden Tümpel reicht die Spanne. Und wie vielfältig ist jedes gegliedert! Bei einem See können wir nach dem Pflanzenwuchs mehrere Zonen unterscheiden. Neben dem offenen Wasser mit den frei schwimmenden mikroskopisch kleinen Plankton-Pflanzen, denen das Wasser seine grünliche Farbe verdankt, gibt es den pflanzenlosen Tiefwasserbereich, in dem es so dunkel ist, daß nichts wachsen kann, und den pflanzenreichen Flachwasserbereich. Mit wenig Licht kommen die Armleuchteralgen der unterseeischen Wiesen aus, mehr Licht brauchen dagegen die übrigen Unterwasser- oder Tauchpflanzen, wie Wasserpest und Tausendblatt. Im flachen Wasser leben die Schwimmblattgewächse, wie die Seerose, bei denen über Luftkanäle in den Stengeln auch die Wurzeln mit Luft versorgt werden. In Ufernähe schließlich – nur mit den Wurzeln im Wasser – stehen die Röhricht- und Sumpfpflanzen.

Ebenso kann man die Fülle der Wassertiere nach ihren Lebensbereichen aufgliedern – oder nach ihrer Ernährungsweise, nach der Fortbewegung, nach der Atmung. So gewinnen nicht alle Tiere den Sauerstoff direkt aus dem Wasser, über Kiemen oder einfach durch die Haut. Viele Insekten zum Beispiel atmen Luft und müssen deshalb immer wieder an die Wasseroberfläche kommen, wie wir es bei Wasserwanzen und -käfern beobachten können. Vielfältig und erstaunlich sind auch die Möglichkeiten der Fortpflanzung, der Brutpflege, der Jugendentwicklung oder der Umwandlung vom Wasser- zum oft völlig anders gestalteten Landtier, wie es bei Lurchen oder Insekten geschieht.

Die **Weiße Seerose** ist eine Schwimmblattpflanze. Bis auf 2 m Länge müssen sich die Stiele der Blätter und Blüten strecken, um vom Stamm am Seegrund die Wasseroberfläche zu erreichen. Die großen runden, lederartigen Blätter haben einen Wachsüberzug und luftgefüllte Hohlräume. Über 10 cm Durchmesser erreichen die weißen Blüten, sie enthalten etwa 20 nach innen immer kleiner werdende Blütenblätter.

Die **Große Teichrose** oder Mummel hat gelbe, bis 8 cm breite Blüten, die nur aus 5 großen Blütenblättern bestehen. Ihre Schwimmblätter sind nicht rund, wie bei der Seerose, sondern eiförmig.

Das **Schwimmende Laichkraut** trägt an seinem über 1 m langen Stengel 2 verschiedene Blattformen: 5 cm breite eiförmige Schwimmblätter und grasähnliche schmale untergetauchte. Im Hochsommer erhebt sich eine Blütenähre mit unscheinbaren grünen Blütchen über die Wasseroberfläche.

Der **Froschbiß** schwimmt frei an der Wasseroberfläche. Die herzförmigen Blätter bilden eine Rosette, nur die 3teiligen weißen Blüten stehen aufrecht. Außer den Samen überwintern auch Knospen, die im Herbst zu Boden sinken, im Frühjahr wieder auftauchen und sich entfalten.

Die **Kanadische Wasserpest** lebt nur untergetaucht. Ihre 1 cm langen Blättchen sitzen meist zu dritt um den 50 cm langen Stengel. Die Pflanze stammt aus Amerika und lebt erst seit 120 Jahren in unseren Gewässern.

Hornblatt und Tausendblatt sind Unterwasserpflanzen, deren Blätter stark aufgefiedert sind: beim ersteren gabelartig und beim letzteren doppelseitig kammartig. Das Hornblatt ist wurzellos.

Der **Wasser-Hahnenfuß** ist ein anpassungsfähiger Wasserbewohner, der auch ein vorübergehendes Austrocknen des Gewässers übersteht. Er hat fadenförmig zerteilte Unterwasserblätter und nierenförmig gelappte Schwimmblätter; ähnlich sind die Blätter der Landform.

Das **Krause Laichkraut** wird bis 2 m lang und hat längliche wellig-krause Blätter.

Der **Rohrkolben** kommt im flachen Wasser oft mit dem Schilf gemeinsam vor. Außer den langen schwertförmigen Blättern entwickelt sich ein bis 2 m hoher Stiel mit 2 samtartigen Blütenkolben: der schmale obere enthält die männlichen Blüten mit dem Blütenstaub, der untere nur die weiblichen Blüten. Zur Reifezeit löst sich der dunkelbraune Kolben auf, und es quellen unzählige kleine Früchte mit einem Haarschopf hervor.

Es gibt sehr viele **Seggen**-Arten, die auch Ried- oder Sauergräser genannt werden. Seggen sind grasartig. Ihr Stengel aber hat keine Knoten, er ist immer 3kantig. Die Blattränder sind oft messerscharf. Als Tierfutter eignen sich Seggen meist nicht.

Die **Scheinzyper-Segge** steht an Graben- und Teichrändern. Unter dem Ährchen mit den männlichen Blüten hängen an langen Stielen 3 bis 6 Ährchen mit weiblichen Blüten.

Die **Steife Segge** bildet im stillen Flachwasser von Seeufern und Sümpfen dichte und bis über 1 m hohe Bülten.

Die **Teichsimse** mit ihren runden Stengeln steht oftmals noch vor dem Schilf im tiefen Wasser, sie wird 4 m lang.

Rohrkolben *Teichsimse*

Die derben grasartigen **Binsen** wachsen vorwiegend an nassen Stellen, oft in Gräben. Stiel und Blätter sind rund.
Die **Sumpfsimse** gedeiht im flachen Wasser von Gräben und Teichen. Ihre einzige Blütenähre steht auf der Spitze des 50 cm hohen Halmes.
Der **Kalmus**, besonders sein am Boden kriechender Sproß, hat einen starken, unverwechselbaren Duft. Die 1 m hohe Arzneipflanze ist vor 500 Jahren aus Ostasien eingeführt worden. Der Blütenstand ist ein grüner, saftiger, bis 8 cm langer Kolben.
Die giftige **Wasser-Schwertlilie** ist auch ohne die gelben Blüten an den schwertförmigen Blättern oder an der 3teiligen Fruchtkapsel zu erkennen. Sie wächst an Ufern, in Gräben und Erlensümpfen.
Das **Schilf** oder Schilfrohr bildet im flachen Wasser oder auf nassem Boden oft dichte Bestände, die manche Gewässer als breite »Schilfgürtel« umgeben. Gegenüber Sturm und Wellenschlag ist das bis über 3 m hohe Gras sehr widerstandsfähig, doch Beschädigungen, zum Beispiel durch Boote, oder übermäßige Wasserverschmutzung vernichten es allmählich.

Der **Ästige Igelkolben** fällt durch die kugligen Blütenköpfe auf. Die oberen, kleineren enthalten nur männliche, die unteren, größeren die weiblichen Blüten. Die Blätter sind im unteren Teil 3kantig. Die bis 50 cm hohe Pflanze wächst an Ufern von Gräben und Teichen.

Der **Froschlöffel** hat feste, langgestielte löffelförmige Luftblätter und, wenn er in ausreichend tiefem Wasser steht, auch schlaffe, bandartige Unterwasserblätter. Bis 1 m hoch ragt der Blütenstand mit den rötlichweißen 3teiligen Blüten.

Die **Schwanenblume** oder Blumenbinse fällt durch ihren doldenförmigen Blütenstand mit rötlichweißen Blüten auf einem über 1 m hohen blattlosen Stiel auf. Die schwertförmigen Blätter sind unscheinbar.

Für das **Pfeilkraut** kennzeichnend sind die stets pfeilförmigen aufrechten Luftblätter, während die Schwimmblätter auch oval sein können und die Unterwasserblätter bandartig sind. Die weißroten Blüten sitzen jeweils zu dritt am 1 m hohen Stengel.

Die **Wasserfeder** entwickelt sich im stillen Wasser von Tümpeln und Gräben. Nur ihren Blütenstiel mit den blaßrosa Blüten hebt sie rund 20 cm über die Wasseroberfläche. Die kammförmig gefiederten Blätter entfalten sich aus einer Rosette.
Der **Fieberklee** gedeiht am Rande von Sumpf- und Moortümpeln. Er hat langgestielte, kleeartig 3geteilte Blätter. Wie der 20 bis 30 cm hohe Blütenstiel mit der Traube rötlichweißer Blüten erheben sie sich aus einem am nassen Boden liegenden Stengel.
Die **Sumpf-Dotterblume** blüht schon ab April an Ufern und auf sumpfigen Wiesen. Ihre dicken hohlen Stengel tragen dottergelbe 5teilige Blüten und dunkelgrüne, glänzende herz- bis nierenförmige Blätter.

Der giftige **Teich-Schachtelhalm** ist eine Sporenpflanze, er kommt an Gräben, Teichufern und auch im flachen Wasser vor. Der rund 1 m hohe glatte Stengel und die quirlartig angeordneten Seitenzweige sind gegliedert. Jedes Glied sitzt auf der Spitze des vorhergehenden in einer enganliegenden gezähnten Manschette.

Der **Tannenwedel** erinnert mit seinen schmalen Blättern, die dicht und quirlartig am Stengel sitzen, an einen kleinen Fichten- oder Tannenzweig. Er wächst aufrecht im flachen Wasser, nur die Spitzen der rund 50 cm langen Stengel ragen über die Wasseroberfläche hinaus.

Das **Sumpf-Labkraut** und das **Kletten-Labkraut** oder Klebkraut findet man an dicht bewachsenen Ufern und Grabenrändern. Wie bei allen Labkräutern sitzen die länglichen Blätter quirlartig am Stengel: beim Sumpf-Labkraut sind es meist 4, beim Kletten-Labkraut 6 bis 8 Blätter. Das Kletten-Labkraut ist überall mit feinen Häkchen besetzt, wodurch die Pflanze »klebrig« erscheint und an anderen Pflanzen emporklettern kann, ohne abzurutschen.

Die **Rote Pestwurz** galt früher als Heilmittel gegen die Pest, in den meisten Dörfern achtete man darauf, einen großen Pestwurzbestand in der Nähe zu haben, meist entlang eines Baches. Im April schiebt sich aus dem unterirdischen Wurzelstock eine purpurrötliche Blütentraube auf dickem Stiel empor. Die großen, über 50 cm breiten Blätter auf 1 m hohem Stiel erscheinen erst später.
Die gelben Korbblüten des **Huflattichs** findet man schon im März an Ufern und Wegrändern. Die unterseits weißfilzigen Blätter entfalten sich erst, wenn die Samen reifen. Der Fruchtstand ähnelt dem des Löwenzahns.
Die **Schwarz-Erle** ist der häufigste Baum an Ufern, auch in Sumpf und Wasser. Unverwechselbar sind die dunkelgrünen Blätter und die kleinen dunkelbraunen Zapfen.

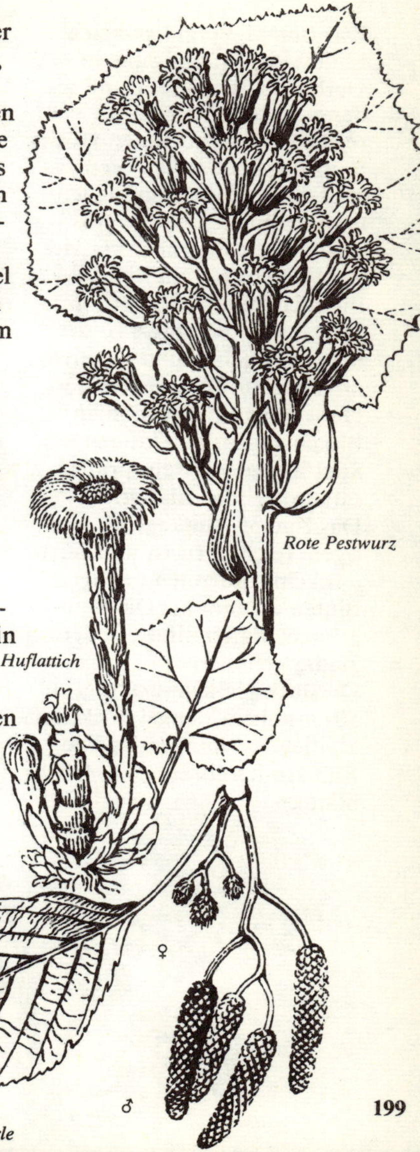

Rote Pestwurz

Huflattich

Schwarz-Erle

Das **Sumpf-Vergißmeinnicht** blüht vom Frühling bis in den Herbst an Bachufern und anderen nassen Stellen. Die zahlreichen 5teiligen Blüten an der Spitze des behaarten Stengels sind zuerst rosa, dann leuchtend hellblau. Das Vergißmeinnicht galt früher bei vielen Völkern als ein Sinnbild für Liebe und Treue.
Den **Bach-Ehrenpreis** findet man an Bächen und Quellen, oft sogar im flachen Wasser. Die kleinen himmelblauen Blüten stehen in Trauben am Stiel in den Achseln praller, saftstrotzender Blätter.
Das **Sumpf-Blutauge** an moorigen Teichufern ist an seinen dunkelpurpurroten 5teiligen Blüten erkennbar. Die blaugrünen Blätter sind 5- oder 7teilig gefiedert.
Die **Bach-Nelkenwurz** trägt auf 50 cm hohem Stengel glöckchenähnlich überhängende gelbe Blüten mit rotbraunen Kelchblättern.

Das **Echte Mädesüß** wird an sumpfigen Bachufern und Quellen über 1 m hoch. Der lockere rispenartige Blütenstand besteht aus gelblichweißen Einzelblüten, die von zahlreichen Schwebfliegen, Bienen, Käfern und anderen Insekten aufgesucht werden.
Die **Kohl-Kratzdistel** überragt an sumpfigen Quellen und Wiesengräben die meisten anderen Pflanzen. Ihre gelblichweißen Blütenköpfe sind von hellgrünen eiförmigen Hochblättern umhüllt. Auch die großen fiederteiligen unteren Blätter haben nur weiche Dornen, so daß Weidetiere diese Kratzdistel gern als Futter annehmen.
Die **Echte Engelwurz** oder Angelika ist ein bis 2,5 m hohes Doldengewächs, das besonders an flachen Ufern zwischen Röhricht und schattigem Erlensumpf zu finden ist. Die röhrenförmigen Stengel sind fein gerillt und teilweise rötlich angelaufen, die unteren Blätter bis 90 cm breit und fiederteilig, die Blütendolden 15 cm breit und langgestielt. Die würzig duftende Engelwurz ist eine noch heute beliebte Arzneipflanze (Hustensaft); verwendet wird vor allem die Wurzel.

Echte Engelwurz

Gelb leuchtet die Blütentraube des über 1 m hohen **Gilbweiderichs** aus dem hohen Bewuchs der Sumpf- und Bachufer. Die 5teiligen Einzelblüten sind etwa 1 cm breit.

Der blühende, 1 m hohe **Blutweiderich** ist eine der auffallendsten Pflanzen an sumpfigen Bach- und Teichufern. Die purpurroten langen Ähren setzen sich aus zahlreichen kleinen, meist 6teiligen Blüten zusammen.

Die wenigen dunkelrosa Blüten des **Rauhhaarigen Weidenröschens** sind etwa 2 cm breit und 4teilig. Die über 1 m hohe Pflanze steht meist innerhalb des üppigen Bewuchses an Gräben und Quellen. Das Kleinblütige Weidenröschen dagegen wird nur um 50 cm hoch und hat blaßrosa Blüten, die weniger als 1 cm breit sind.

Der **Wasser-Knöterich** paßt seine Gestalt dem Standort an. Am Ufer bildet sich ein 50 cm hoher Stengel mit schmalen, kurzgestielten Blättern und rosafarbener Blütenähre. Im Wasser wird der Stengel dagegen über 2 m lang, bleibt aber untergetaucht und trägt breitere, langgestielte Schwimmblätter.

Die **Wasser-Minze** duftet stark nach Pfeffer-Minze. Ihre lilarötlichen Blüten bilden dichte Büschel in den Achseln der eiförmigen Blätter.
Der **Sumpf-Ziest** hat einen ährenförmigen Blütenstand mit rosa Lippenblüten.
Beim **Ufer-Wolfstrapp** sitzen die weißen, innen rot gepunkteten 4teiligen Blüten büschelweise in den Blattachseln.
Beim **Wasserdost** oder Kunigundenkraut sind die kleinen rötlichen Blüten an der Spitze des über 1 m hohen Stengels doldenartig zusammengefaßt. Die paarweise angeordneten Blätter sind 3teilig.

Die **Bernsteinschnecke** mit dem zarten bernsteingelben Gehäuse lebt und frißt an Pflanzen, die am Ufer oder im Wasser wachsen. Sie wird gern von Vögeln gefressen.
Die **Spitzschlammschnecke** ist unsere größte Wasserschnecke, ihr Gehäuse wird 6 cm hoch und 3 cm breit. Sie lebt in ruhigem, pflanzenreichem Gewässer und ernährt sich von Wasserpflanzen und toten Tieren.
Die **Eiförmige Schlammschnecke** und die **Sumpfschlammschnecke** sind in ruhigen Gewässern anzutreffen.
Die **Posthornschnecke** hat ein flach aufgerolltes, radförmiges Gehäuse, das 3 cm breit, aber nur 1 cm hoch wird. Sie hält sich oft am Boden und im Schlamm stiller Gewässer auf, wo sie sich von abgestorbenen Pflanzen und anderen Resten ernährt. Sie hat wie alle Teller- und Schlammschnecken nur 1 Paar Fühler, die nicht eingezogen werden können. Ihre Augen sind ungestielt.
Die **Tellerschnecken** haben besonders flache, scheibenförmige Gehäuse mit einer deutlichen Außenkante, dem Kiel.

Die kräftige, bis 4 cm hohe **Sumpfdeckelschnecke** trägt auf dem hinteren Teil ihres Fußes einen Deckel, durch den sie ihr Gehäuse verschließen kann, sobald sie sich darin zurückgezogen hat. Sie lebt in ruhigen Gewässern und frißt Schlamm und Algen. Im Gegensatz zu anderen Schnecken legt sie keine Eier, sondern bringt lebende Junge zur Welt.
Die **Teichmuschel** wird bis 20 cm lang. Sie kommt im Schlamm stehender Gewässer vor. Ihre Nahrung besteht aus feinsten schwebenden Stoffen und Kleintieren, die sie aus einem Wasserstrom, den sie durch ihren Körper pumpt, herausfiltert. Dadurch trägt sie zur Selbstreinigung der Gewässer bei.
Die **Malermuschel** wird bis 9 cm lang. Ihre Schalen, die schmaler als die der Teichmuschel sind, wurden früher von Malern als Näpfchen zum Farbenmischen benutzt.
Die **Wandermuschel** hat ein kantiges Gehäuse von 3 cm Länge. Sie heftet sich mit Klebefäden an einen festen Untergrund. Manchmal sitzt sie auch in Rohrleitungen, die dadurch verstopfen können. Die Muschel ist aus östlichen Gebieten zu uns eingewandert.

Sumpfdeckelschnecke

Teichmuschel

Malermuschel

Wandermuschel

Der schlanke **Fischegel** hat eine sehr große hintere Saugscheibe, mit der er sich an Fischen festhält. Der Mund des Egels befindet sich im kleinen vorderen Saugnapf.

Der **Pferdeegel** hat einen einfarbig braunen oder grünschwarzen Rücken. Er saugt kaum Blut, sondern verschlingt Würmer, kleine Schnecken und Insektenlarven.

Der **Blutegel** ist an den 6 rotbraunen Längsbändern auf dem Rücken zu erkennen. Er wird bis 15 cm lang und lebt in Seen und Teichen. Die jungen Egel saugen an Würmern und anderen Wassertieren, die größeren dagegen bevorzugen das Blut von Säugetieren. Früher wurden die Egel häufig in der Heilkunde benutzt, um den Kranken auf schmerzlose Weise »schlechtes« Blut abzuzapfen.

Der **Schneckenegel** wird 3 cm lang und ist häufig an Wasserschnecken, aber auch an Steinen und Pflanzenstengeln zu finden. Sein meist gedrungener Körper trägt mehrere Reihen auffälliger Wärzchen.

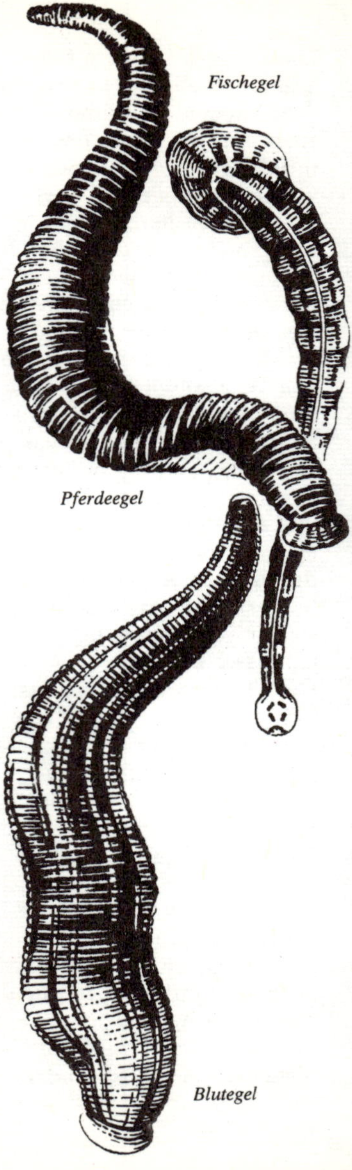

Fischegel

Pferdeegel

Blutegel

Schneckenegel

Der **Bachflohkrebs** lebt zwischen Pflanzen und unter Steinen in ruhig fließenden Bächen und in Seen. Sein 1 bis 2 cm langer Körper ist gekrümmt und seitlich zusammengedrückt.

Der jetzt bei uns heimische **Amerikanische Flußkrebs** hat 10 Beine, die beiden vorderen tragen große Scheren. Mit ihnen kann das Tier geschickt seine Nahrung ergreifen und zum Mund führen und sich auch verteidigen. Einen Menschen kann er damit nicht verletzen, sondern nur kneifen.

Wasserflöhe und **Hüpferlinge** sind winzige, nur 1 bis 2 mm lange Krebstiere. Sie kommen aber meist in großen Mengen vor und sind daher eine wichtige Nahrung für viele Fische und andere Kleintierfresser. Sie schwimmen ruckartig hüpfend aufwärts und sinken nach unten, sobald sie mit dem Rudern aufhören. Die Wasserflöhe schlagen dabei mit ihren großen Fühlern, die Hüpferlinge mit den Beinen.

Die **Wasserassel** hat einen 1 cm langen abgeflachten Körper. Sie hält sich am Grunde ruhiger Gewässer zwischen Laub und Pflanzenresten auf.

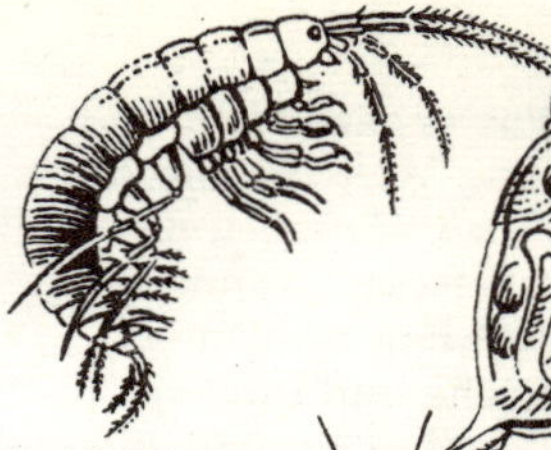

Bachflohkrebs

Wasserfloh

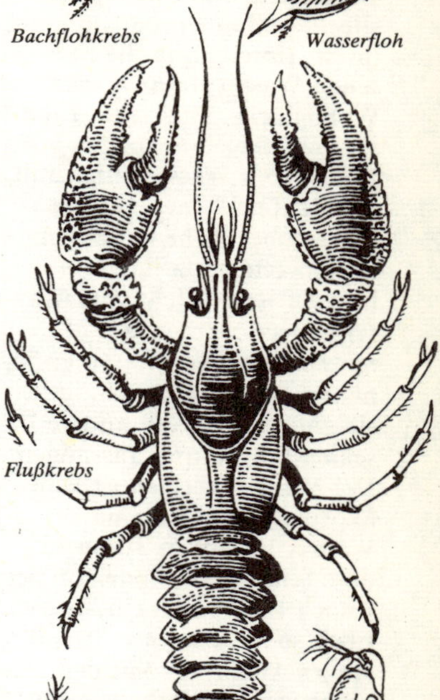

Flußkrebs

Wasserfloh

Hüpferling

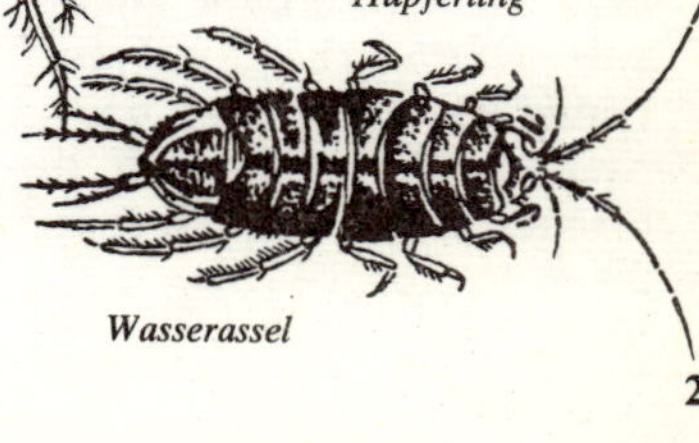

Wasserassel

Die **Wasserspinne** lebt und jagt unter Wasser, obwohl sie Luft atmet und auch nur an der Luft fressen kann. Die Atemluft holt sie von der Oberfläche und trägt sie als silbrig schimmernde Hülle um ihren Hinterleib in die zwischen Wasserpflanzen erbaute Wohnglocke. Hier frißt, ruht sie und zieht ihre Jungen auf. Die flinken **Wasserläufer** und **Bachläufer** können auf der Wasseroberfläche laufen, ohne einzutauchen, da ihre fein behaarten Beine nicht vom Wasser benetzt werden. Sie gehören zu den Wanzen und ernähren sich räuberisch, indem sie auf dem Wasser andere Insekten fangen und aussaugen. Der **Wasserskorpion** ist kein Skorpion, sondern eine Wanze. Er lebt in Tümpeln und Teichen am Boden, atmet jedoch Luft durch ein am Ende seines Körpers sitzendes langes Atemrohr. Mit den zangenartigen Vorderbeinen fängt er Beutetiere, sogar Fischchen. **Ruderwanze** und **Rückenschwimmer** (s. S. 209) machen Jagd auf Wassertiere, auch auf kleine Fische. An ihrem Hinterleib tragen sie einen Atemluft-Vorrat mit sich, daher treiben sie von selbst an die Wasseroberfläche.

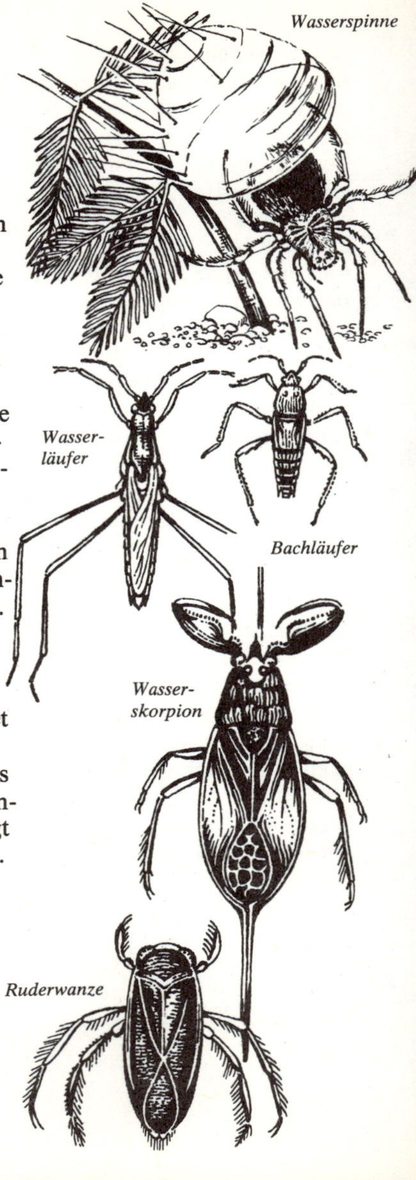

Taumelkäfer fallen auf, wenn sie scheinbar unsicher taumelnd in engen Kurven auf der Wasseroberfläche umherschwimmen. Bei Gefahr tauchen sie jedoch schnell unter. Sie leben räuberisch vom Insektenfang.

Der **Gelbrandkäfer** ist ein schneller Schwimmer und kräftiger Jäger, der sogar Kaulquappen und kleine Fische fängt. Seine Atemluft trägt er unter den Flügeldekken mit sich. Er kann auch das Wasser verlassen und gut fliegen, um ein anderes Gewässer zu erreichen.

Der **Schnellschwimmer** und viele ähnliche Schwimmkäfer jagen kleine Wassertiere. Ihren Luftvorrat unter den Flügeldecken müssen sie ab und zu an der Wasseroberfläche erneuern.

Der **Kolbenwasserkäfer** ist mit über 4 cm Länge ein Riese unter den Käfern. Er ernährt sich vor allem von Wasserpflanzen.

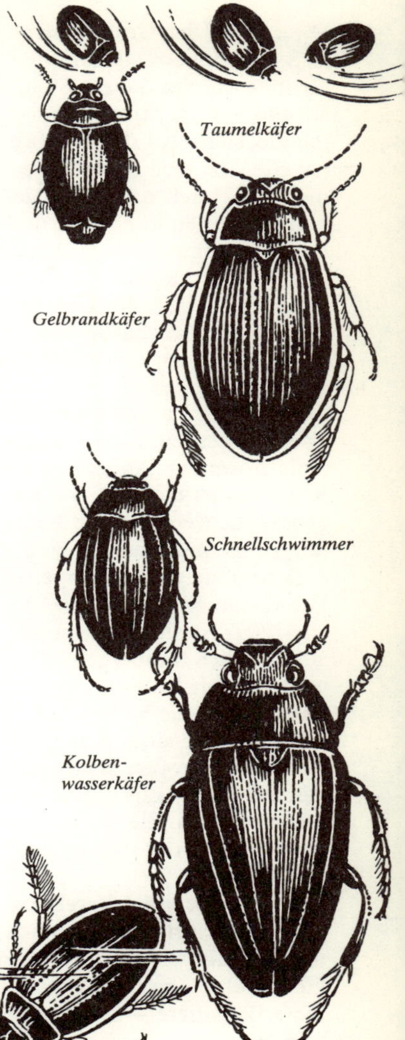

Taumelkäfer

Gelbrandkäfer

Schnellschwimmer

Kolbenwasserkäfer

Rückenschwimmer

Gelbrandkäfer

Die **Larven** der **Großlibellen** (s. S. 213) lauern still am Grunde oder an einem Stengel sitzend auf vorbeischwimmende Tiere. An der Kopfunterseite sitzt eine Fangzange, die blitzschnell nach vorn geklappt werden kann und das Beutetier ergreift. Zum Atmen nehmen die Larven Wasser in ihren Darm auf. Bei Gefahr stoßen sie es ruckartig aus, wobei sie durch den Rückstoß vorwärts schnellen.

Die **Larven** der **Kleinlibellen** (s. S. 212) erkennt man an den 3 blattförmigen Anhängen am Körperende, die zum Atmen gebraucht werden. Ihre Beute fangen sie mit einer langen, aufklappbaren Unterlippe.

Die **Gelbrandkäfer-Larve** (s. S. 209) ist ein flinker und gefährlicher Räuber. Sie überwältigt auch Kaulquappen und Fische, die bedeutend größer als sie sind. Aus dem Griff ihrer großen Kieferzangen kann sich keine Beute mehr befreien. Sie wird durch ein Gift gelähmt und ausgesaugt.

Die **Kolbenwasserkäfer-Larve** (s. S. 209) ist nicht so schlank und wendig wie die Gelbrandkäfer-Larve. Sie jagt langsamere Beutetiere – Schnecken und Würmer.

Köcherfliegen-Larven(s. S. 214) spinnen und kleben sich eine köcherartige tragbare Wohnröhre, in der ihr weicher Hinterkörper gut geschützt ist. Als Material für den Köcher benutzen die verschiedenen Larvenarten Sand oder Steinchen, Holzstückchen oder andere Pflanzenteile, auch kleine Schneckenschalen.

Eintagsfliegen-Larven(s.S.214) sind an den 3 langen Schwanzborsten und den Ansätzen für die Flügel erkennbar. Die im fließenden Wasser auf Steinen sitzenden Arten sind abgeflacht, so daß sie nicht so leicht davongespült werden können.

Stechmücken-Larven und **-Puppen** (s. S. 214) findet man in fast jedem stehenden Gewässer. Immer wieder kommen sie zur Wasseroberfläche, um über ihren Hinterkörper frische Luft aufzunehmen.

Die roten **Zuckmücken-Larven** (s. S. 214) leben vor allem im Schlamm. Da sie sich durch ihren roten Blutfarbstoff mit Sauerstoff versorgen können, tauchen sie zum Atmen nicht zur Wasseroberfläche auf. Sie kommen oft in riesigen Mengen vor und bilden eine wichtige Nahrung für Fische und andere Wassertiere.

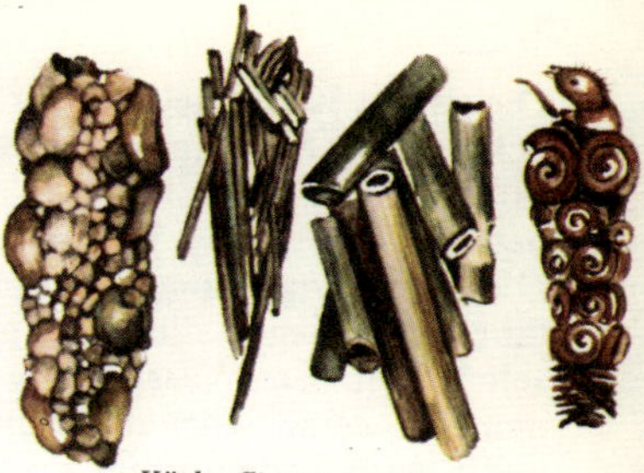

Köcherfliegen-Larven

Eintagsfliegen-Larve

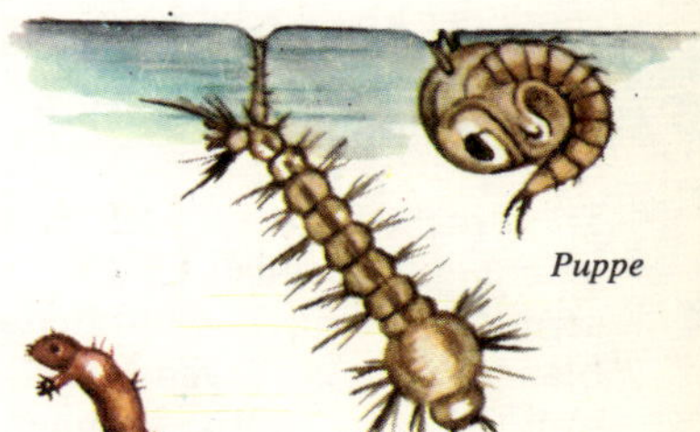

Puppe

Stechmücken-Larve

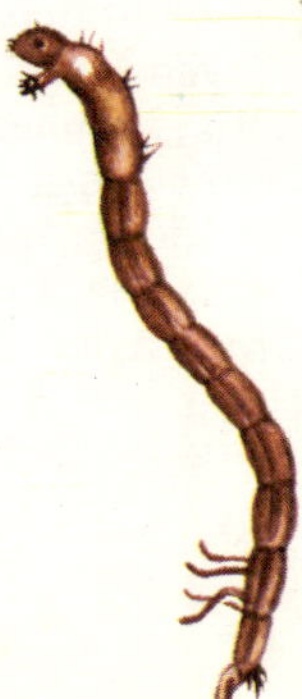

Zuckmücken-Larve

Die zarten **Kleinlibellen** oder Schlankjungfern klappen ihre Flügel in der Ruhestellung nach hinten.

Die blauen **Azurjungfern** sind langsame Flieger, die sich nur selten weit vom Wasser entfernen. Die verschiedenen Arten kann man an dem schwarzen Muster auf dem Hinterleib unterscheiden. So hat die **Hufeisen-Azurjungfer** eine hufeisenförmige, die Becher-Azurjungfer eine becherförmige Zeichnung auf dem 2. Hinterleibsring.

Die **Binsenjungfern** glänzen metallisch grün und legen ihre Flügel in der Ruhe nicht völlig zusammen. Man findet sie an Teichen und Tümpeln, einzeln oder als Pärchen, das langsam umherfliegt oder an Binsen sitzend die Eier ablegt.

Die **Prachtlibellen** findet man an ruhig fließenden Gewässern. Die Männchen mit den blauen Flügeln fliegen langsam flatternd häufiger umher als die Weibchen mit den helleren, bräunlichen oder grünlichen Flügeln. Zur Eiablage kriechen sie oft ins Wasser.

Hufeisen-Azurjungfer

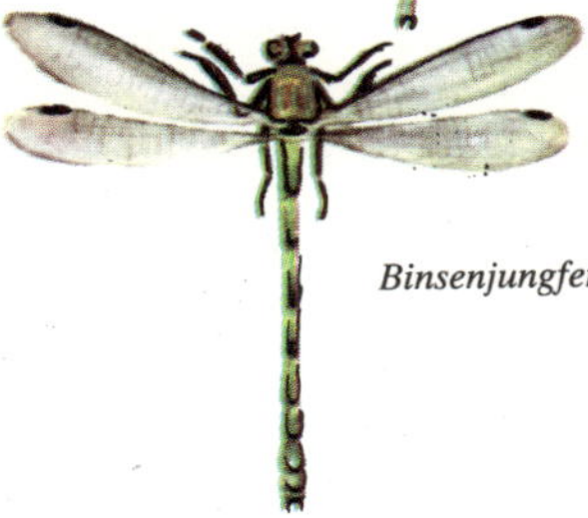

Binsenjungfer

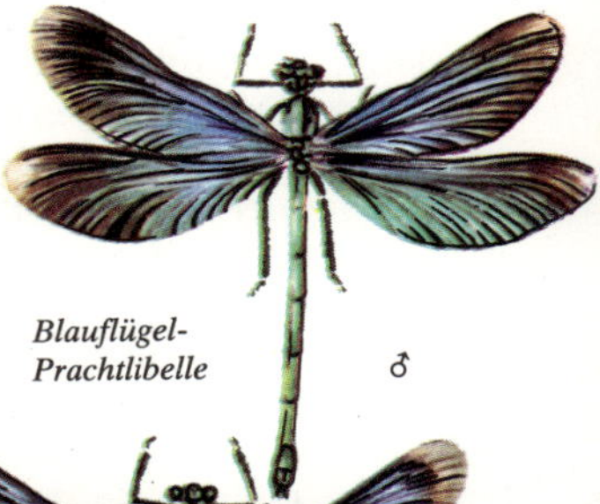

Blauflügel-Prachtlibelle ♂

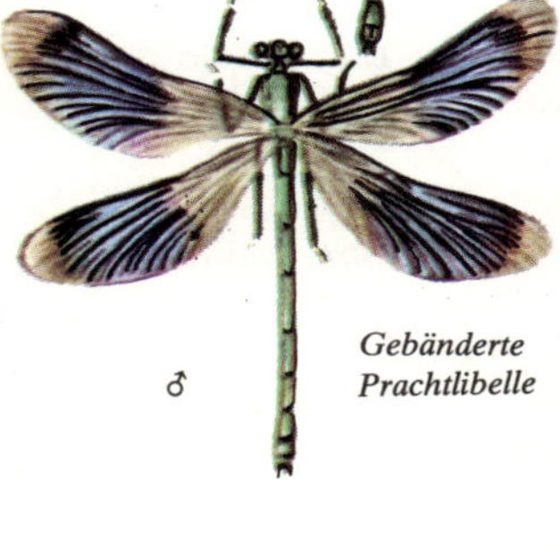

♂ *Gebänderte Prachtlibelle*

Die kräftigen **Großlibellen** halten im Sitzen ihre Flügel stets seitwärts ausgebreitet. Sie können sehr gut sehen und fliegen schnell und geschickt. Ihre Beute – Fliegen, kleine Schmetterlinge, andere Libellen – ergreifen sie im Fluge mit den Beinen.

Heidelibellen erscheinen erst im Hochsommer, sobald das Heidekraut zu blühen beginnt. Sie sitzen gern auf Steinen oder einem Baumstamm in der Nähe eines Tümpels. Die Männchen sind rötlich, die Weibchen mehr gelbbräunlich gefärbt.

Der **Plattbauch** bevorzugt kleine Lehmtümpel, wo er meist auf einem Zweig sitzend auf vorbeifliegende Beute lauert.

Die großen **Mosaikjungfern** erreichen 8 cm Körperlänge und 11 cm Flügelspannweite! Sie sind ausgezeichnete Flieger, die auch weit entfernt vom Wasser erscheinen. Die Männchen benutzen in ihrem Jagdrevier meist eine bestimmte Flugroute. Fremde Männchen verjagen sie mit lautem Flügelrascheln.

Gemeine Heidelibelle

Plattbauch

♀

Grüne Mosaikjungfer

Nur die Weibchen der **Stechmücken** saugen mit ihrem langen Stechrüssel Blut, um fruchtbare Eier legen zu können. Die Männchen, erkennbar an den gefiederten Fühlern, tanzen meist in größeren Schwärmen zum Anlocken der Weibchen. Es gibt bei uns über 20 Stechmückenarten mit sehr unterschiedlichen Eigenschaften (s. S. 211).

Die **Zuckmücken** sind den Stechmücken ähnlich, haben aber stark gefiederte Fühler und stechen nicht. Sie nehmen keine Nahrung auf, sondern tanzen meist in riesigen Schwärmen in der Luft, um sich zur Paarung zusammenzufinden. Nach der Eiablage sterben sie bald (s. S. 211).

Eintagsfliegen leben als geflügeltes Insekt nur wenige Stunden oder Tage, um sich zu paaren. Nahrung nehmen sie nicht auf. 1 bis 3 Jahre haben sie als Larven (s. S. 211) im Wasser gelebt, bevor sie sich alle fast gleichzeitig zu fertigen Insekten verwandelten.

Köcherfliegen wirken mottenähnlich, ihre Flügel sind jedoch behaart. Sie fressen nichts, sondern zehren in ihren wenigen Lebenstagen vom Vorrat aus ihrer langen Larvenzeit (s. S. 211).

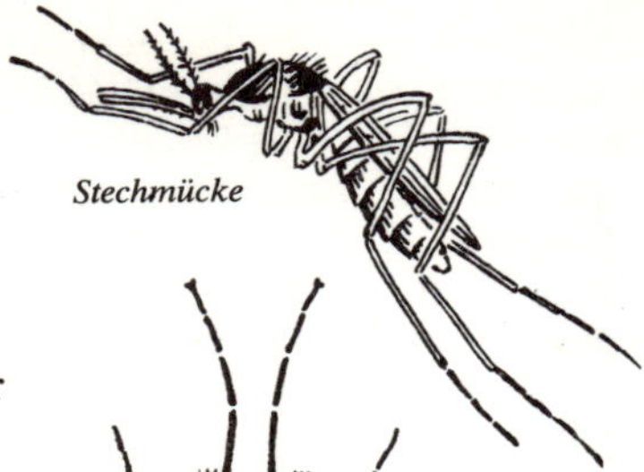

Stechmücke

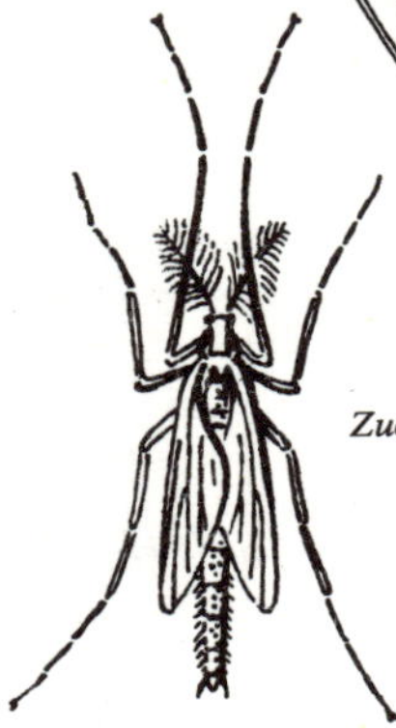

Zuckmücke

Eintagsfliege

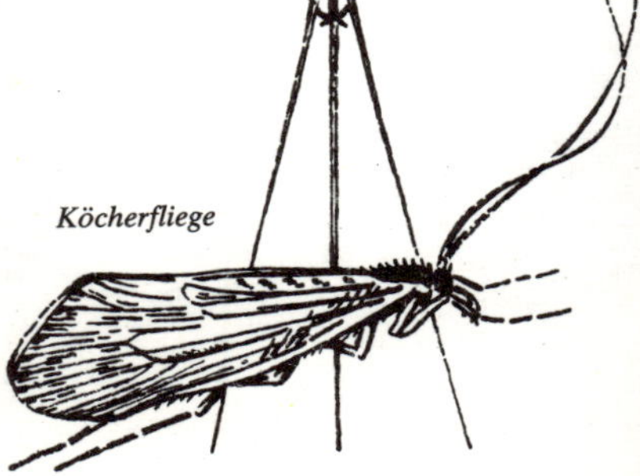

Köcherfliege

Der Große oder **Dreistachlige Stichling** wird wegen seiner langen Rückenstacheln als Beutetier meist gemieden. Das Männchen hat zur Brutzeit einen roten Bauch und läßt sich dann leicht erkennen. Besonders eindrucksvoll ist sein Verhalten bei der Fortpflanzung mit Nestbau, Balztanz und Brutpflege.

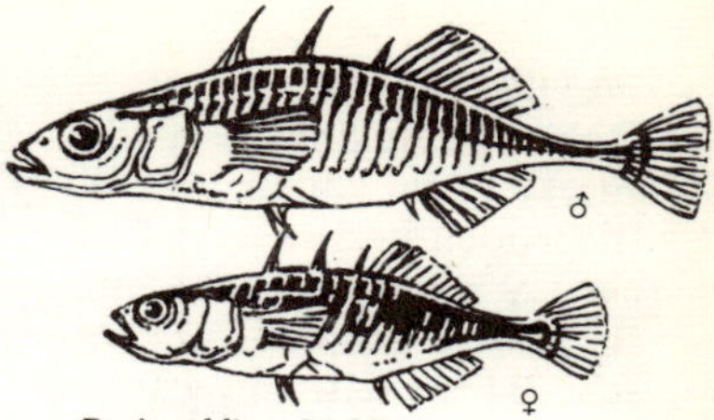

Dreistachliger Stichling

Das Männchen des Zwerg- oder **Neunstachligen Stichlings** legt sein Nest nicht am Boden, sondern zwischen Wasserpflanzen verborgen an.

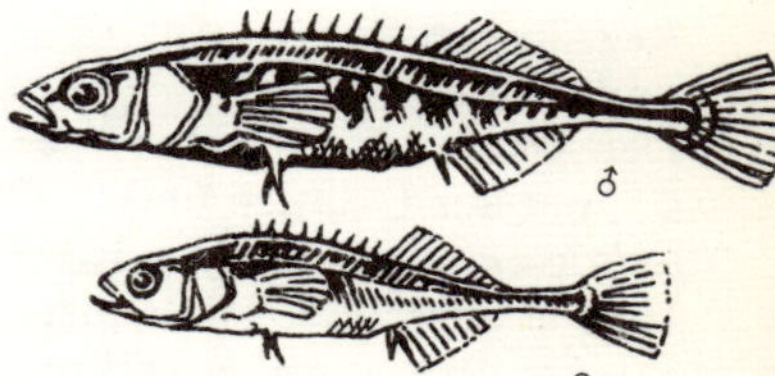

Neunstachliger Stichling

Vom **Moderlieschen** (5 cm) nahm man früher an, daß es aus dem Nichts entstehen könne. Sein Name stammt von der plattdeutschen Bezeichnung Moder-loseken = das mutterlose Fischchen. Wegen der geringen Größe hatte man wohl die Fortpflanzung nicht bemerkt.

Moderlieschen

Der **Ukelei** (10 bis 20 cm) lebt in Schwärmen an der Wasseroberfläche von Seen und Flüssen. Die Eier (Laich) werden unter lebhaftem Geplätscher im flachen Wasser an Wurzeln von Erlen und Weiden abgelegt.

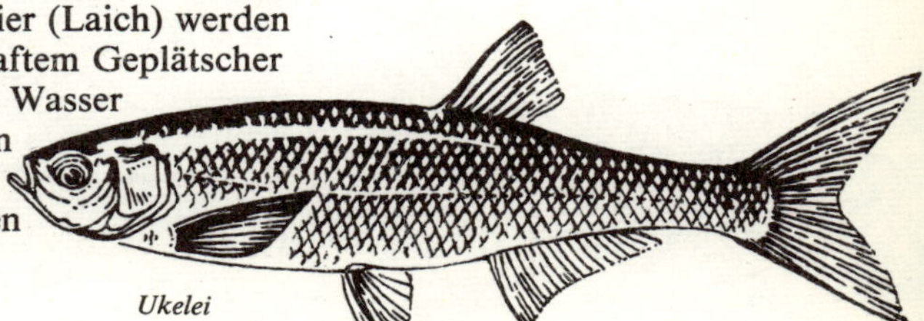

Ukelei

Forellen jagen Kleintiere, kleine Fische und fliegende Insekten. Im kalten, schnellfließenden und sauerstoffreichen Wasser der Bäche und Bergflüsse lebt die einheimische **Bachforelle**; im wärmeren Wasser der Teiche wird meist die amerikanische **Regenbogen-Forelle** gehalten und gefüttert.

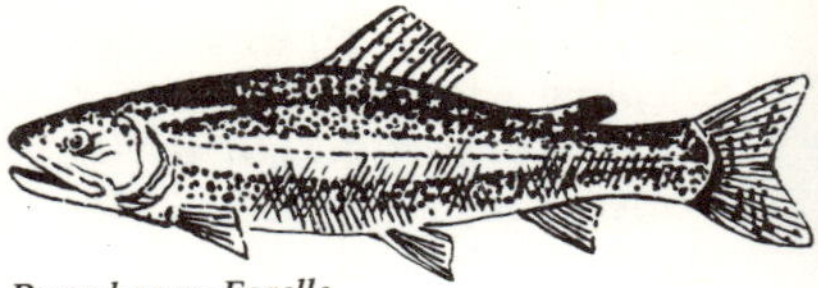

Regenbogen-Forelle

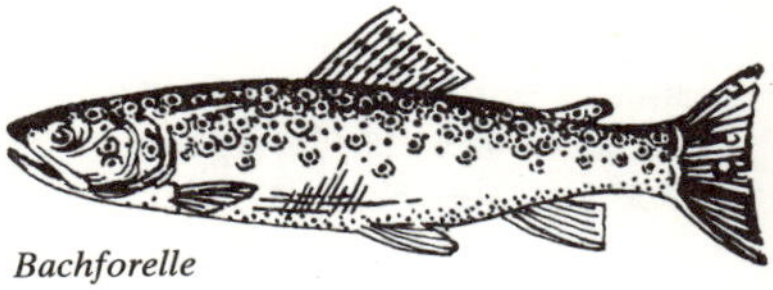

Bachforelle

Der Amur- oder **Graskarpfen** stammt aus Ostasien und wurde erst um 1965 in unserer Heimat ausgesetzt. Als reiner Pflanzenfresser soll er verhindern, daß Kanäle und Gräben verkrauten. Da er sich bei uns nicht fortpflanzen kann, besteht keine Gefahr der Ausrottung unserer Wasserpflanzen durch zu viele Graskarpfen.

Der **Silberkarpfen** frißt Algen und wird deshalb in Teiche mit zu starkem Algenwuchs eingesetzt. Da er in wärmeren Gewässern Asiens zu Hause ist, kann er sich in unserem kühleren Gebiet nicht fortpflanzen.

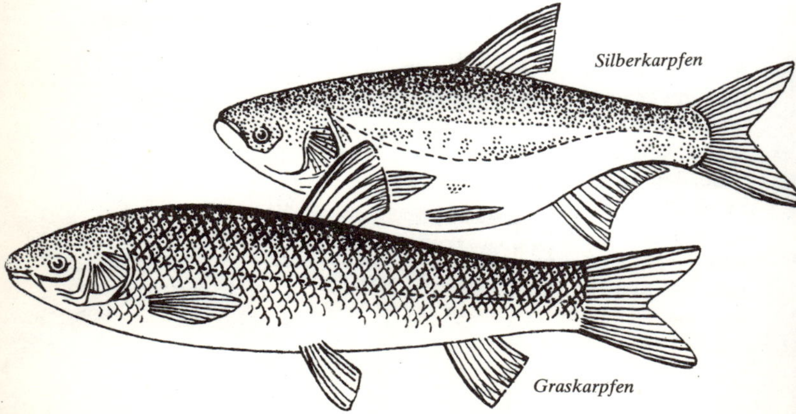

Silberkarpfen

Graskarpfen

Die **Schleie** liebt warmes Wasser und flache, schlammige Ufer von Karpfenteichen und langsam strömenden Flüssen. Am Grunde sucht sie nach Pflanzen und Kleintieren, vor allem Schnecken.
Der **Aal** ist in allen Gewässern anzutreffen, die mit dem Meer in Verbindung stehen, denn von dorther kommen die Jungaale. Nach 9 bis 12 Jahren als Kleintierfresser und Räuber im Süßwasser sind die Aale erwachsen und ziehen die Flüsse abwärts wieder ins Meer, um sich dort fortzupflanzen.
Der **Wels** erreicht über 2 m Länge und kann dann sogar Enten und andere Wasservögel verschlingen. Tagsüber hält er sich meist am Grunde tieferer Seen und Flüsse auf.

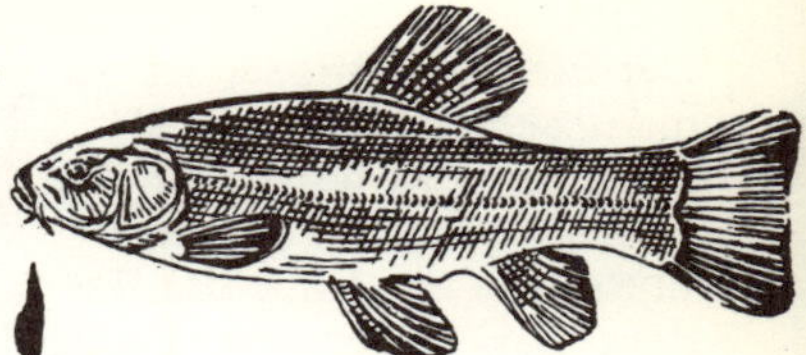

Schleie

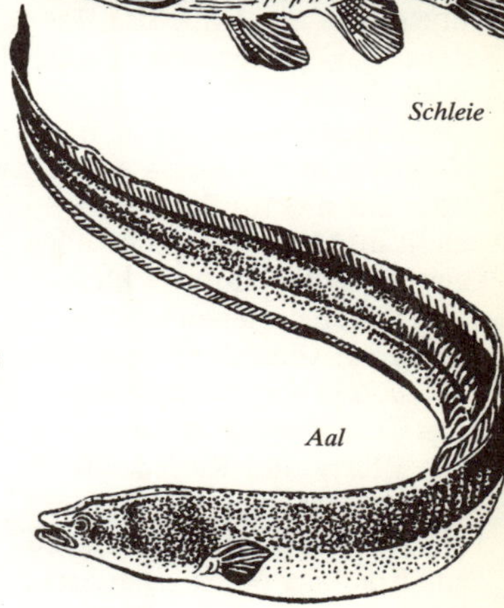

Aal

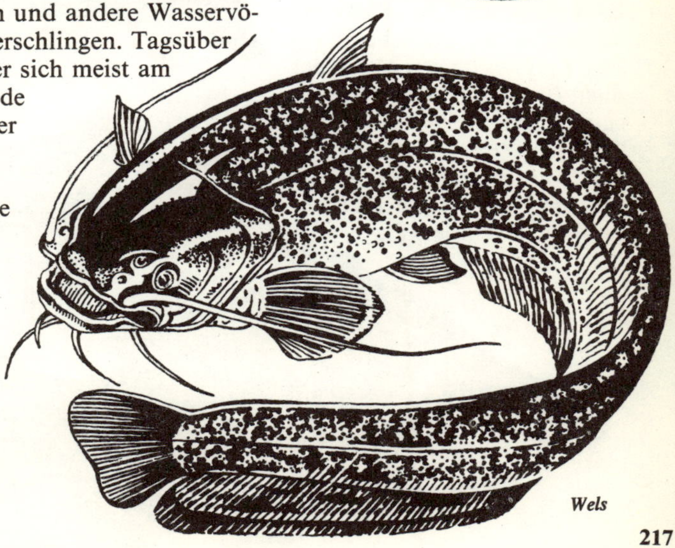

Wels

Der **Blei** oder Brassen ist ein meist bleigrauer schmaler Fisch mit sehr hohem Rücken. Er lebt in Seen und ruhigen Flüssen in der Nähe des Bodens und ernährt sich von Kleintieren.
Die **Karausche** ähnelt dem Karpfen, bleibt aber kleiner, trägt ein dichtes Schuppenkleid und hat keine Bartfäden am Maul. Sie kann in kleinsten Tümpeln leben und im Schlamm vergraben sogar für kurze Zeit das Austrocknen des Gewässers überstehen.
Die **Plötze** und **Rotfeder** trifft man in fast allen Gewässern an. Im Mai kommt die Plötze zur Eiablage oft in so großer Zahl dicht ans Ufer, daß das Wasser zu brodeln scheint.
Der **Karpfen** ist ursprünglich nicht bei uns heimisch, er stammt aus Südosteuropa und Ostasien. Zum guten Gedeihen benötigt er warme ruhige Gewässer mit reicher Pflanzen- und Kleintierwelt.

Blei

Karausche

Plötze

Rotfeder

Karpfen

Der **Kaulbarsch** wird nur 20 cm lang, doch ist er ein eifriger und nicht sehr wählerischer Jäger. Deshalb gerät er häufig auch an einfachste Angeln.

Der lebhaft gefärbte **Barsch** oder Flußbarsch lebt als Jungfisch in großen Schwärmen und ernährt sich bis zur Größe von 15 cm von Kleintieren. Danach tritt er in kleineren Gruppen auf und macht Jagd auf andere Fische. Wegen seiner stachligen Rückenflosse wird er meist von anderen Raubfischen gemieden. Eine Verletzung durch diese Stacheln heilt oft nur langsam.

Der **Hecht** fängt andere Fische, indem er aus der Lauerstellung plötzlich vorstößt. Er ist nicht wählerisch und verschlingt auch die stachligen Barsche und Stichlinge, selbst Artgenossen.

Kaulbarsch

Barsch

Der **Zander** bevorzugt tiefe, trübe Seen und große Flüsse mit steinigem Grund. Als Raubfisch ernährt er sich von kleineren Fischen, besonders dem Ukelei (s. S. 215).

Hecht

Zander

Um ihren **Laich** kümmern sich Kröten und Frösche meist nicht. Die Gallertmasse schützt die Eier gegen Verletzungen und manchen Räuber und dient den geschlüpften Jungtieren als erste Nahrung.

Kröten legen ihren Laich in Gallertschnüren ab, die oft um Pflanzen gewunden werden.

Froschlaich bildet dicke Gallertklumpen.

Kaulquappen nennt man die im Wasser lebenden Jungtierformen von Fröschen, Kröten und Unken, die anders als die erwachsenen Tiere aussehen und leben. Anfangs haben sie nur einen Ruderschwanz, äußere Kiemen und einen winzigen Mund. Später sind die Kiemen von Haut überdeckt, und es beginnen die Hinterbeine zu wachsen. Schließlich bilden sich die Vorderbeine und ein breiterer Mund, während der Schwanz allmählich verschwindet.

Der **Teichmolch** (10 cm lang) lebt nur von Februar bis Juli im Wasser, danach an Land. Dann werden die breiten Flossensäume entlang des Körpers nicht mehr benötigt, sie bilden sich zurück.

Krötenlaich

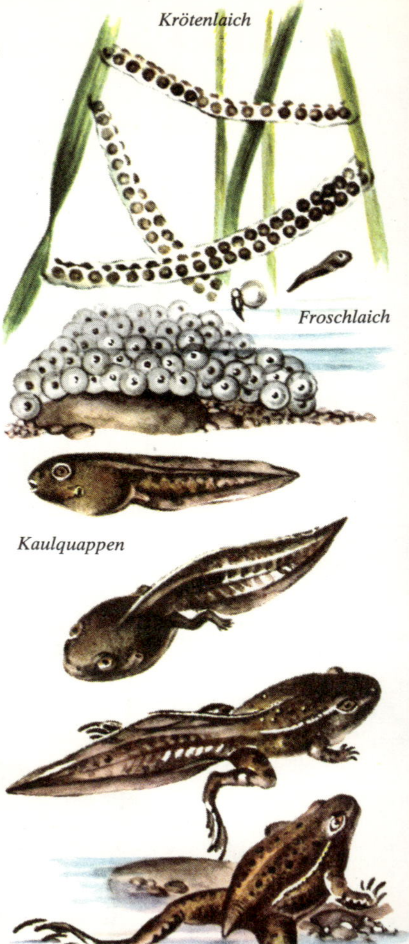

Froschlaich

Kaulquappen

Teichmolch

Die **Rotbauch-Unke** ist nur auf ihrer Unterseite so auffällig gefärbt. Die Oberseite hat eine gute Tarnfärbung, so daß man die Tiere trotz der glokkenartigen Rufe nur schwer entdecken kann.

Der **Teichfrosch** hält sich im Wasser auf, ans Ufer kommt er nur zum Sonnen. Seine Augen sitzen erhöht auf der Kopfoberseite, so daß er auch im Wasser liegend die Überwasser-Umgebung überblicken kann. Ähnlich leben der kleinere Kleine Wasserfrosch und der größere Seefrosch, die man zusammen als Grün- oder Wasserfrösche bezeichnet.

Der **Grasfrosch** ist gelblichbräunlich gefärbt. Mit dem ähnlichen Moorfrosch gehört er zu den Braunfröschen, die sich überwiegend an Land aufhalten. Nur zur Eiablage, die schon im April erfolgt, müssen die Tiere ins Wasser.

Der **Laubfrosch** springt und klettert ausgezeichnet und hält sich viel auf Sträuchern und Bäumen auf. Durch seine Haftballen an den Zehen kann er sich auch an glatten Blättern oder Glasscheiben festhalten. Seine Insektennahrung erbeutet er in zielsicherem Sprung.

Rotbauch-Unke

Teichfrosch ♂

Grasfrosch

Laubfrosch

♂

Die **Wechselkröte** hält sich nur im Frühling zum Laichen im Wasser auf. Den Sommer verbringt sie an sonnigen, trockenen Stellen. Die Stimme des Männchens ist ein andauerndes helles Trillern.
Die **Erdkröte** ist unsere häufigste Kröte, doch bleibt sie als Nachttier tagsüber verborgen. Im Frühling wandern die Tiere zu ihrem Laichtümpel. Oft schon unterwegs klammern sich die kleineren Männchen an den Weibchen fest. Hier erfolgt aber keine Begattung, denn die Eier und den Samen geben die Tiere erst im Wasser ab.
Die **Ringelnatter** kann über 1 m lang werden. Sie jagt gern im Wasser nach kleinen Fischen, Molchen und Fröschen, die sie blitzschnell ergreift und langsam hinunterschlingt. Wird sie selber ergriffen, bespritzt sie den Angreifer mit einer übelriechenden Flüssigkeit aus dem After und den Stinkdrüsen.

Wechselkröte

Erdkröte

Ringelnatter

Der **Teichrohrsänger** ist nur meisengroß. Geschickt fliegt und klettert er im dichten Schilf umher. Sein Nest befestigt er kunstvoll zwischen 3 Schilfhalmen.
Die sperlingsgroße **Rohrammer** bewohnt außer dem Schilf auch sumpfige Uferwiesen. Das Männchen trägt seinen Gesang von erhöhter Stelle aus vor. Das Nest befindet sich am Erdboden.
Der starengroße **Drosselrohrsänger** bewohnt nur den Schilfgürtel und den Rand des Ufergebüschs. Ab Anfang Mai hört man seinen lauten »Karre-karre-kiet-kiet«-Gesang. Damit kennzeichnet das Männchen sein Brut- und Nahrungsrevier gegenüber den benachbarten Männchen.

Teichrohrsänger

♀

Rohrammer

♂

Drosselrohrsänger

Der **Haubentaucher** bewegt sich fast nur schwimmend und tauchend. Allein bei der Ankunft im Frühling oder zum Abflug im Herbst kann man ihn fliegen sehen. Er geht auch nicht an Land, nur auf seinem schwimmenden Nest muß er wenige Schritte machen.

Der dunkelbraune **Zwergtaucher** ist amselgroß. Er bevorzugt dicht bewachsene Gewässer und kommt selbst auf kleinen Teichen vor. Er jagt vor allem Insekten.

Die **Bleßralle** (früher Bleßhuhn genannt) baut ihr schwimmendes Nest oft gut sichtbar am äußeren Rand des Schilfgürtels. Die 5 bis 10 Küken mit dem roten Kopf werden häufig die Beute von Hecht, Rohrweihe oder Graureiher (s. S. 226, 227).

Die **Teichralle** ist taubengroß, Stirnplatte und Schnabel sind rot. Das Nest steht im dichten Schilf oder Gezweig von Weidensträuchern.

Haubentaucher

Zwergtaucher

Bleßralle

Teichralle

Die **Stockente** lebt auf jedem Gewässer, sogar auf Bächen und Gräben im Wald. Erpel und Ente finden sich schon im Herbst und halten bis zum Frühling, meist sogar über mehrere Jahre zusammen. Nur zur Brut und Aufzucht der Jungen zieht sich die Ente zurück.

Die **Tafelente** gehört zu den Tauchenten, die sich ihre Nahrung – Wasserpflanzen und kleine Wassertiere – tauchend beschaffen können.

Die **Reiherente** erhielt ihren Namen nach dem kleinen Federschopf im Nacken. Sie taucht sehr gut und frißt vor allem kleine Schnecken und Muscheln. Im Winter halten sich viele nordische Entenvögel bei uns auf (s. S. 250, 251).

Die **Schellente** erzeugt ein besonders auffälliges Fluggeräusch, das »Klingeln« oder »Schellen«. Schellenten bevorzugen tiefere Seen, auch mitten im Wald. Die Ente brütet in hohlen Bäumen und alten Spechthöhlen. Bereits 1 Tag nach dem Schlüpfen springen die Küken auch aus großer Höhe auf die Erde zu ihrer lockenden Mutter, ohne Schaden zu nehmen.

Stockente ♂

Tafelente ♂

Reiherente ♂

Schellente ♂

Der **Graureiher** (früher Fischreiher genannt) steht meist unbeweglich im flachen Wasser, den langen Hals zwischen den Schultern eingezogen. Hat er eine Beute – Fisch oder Frosch, Libelle oder Maus – entdeckt, streckt er den Hals blitzschnell und greift mit dem dolchförmigen Schnabel zu.

Die **Lachmöwe** hat im Frühling und Sommer ein schwarzbraunes Kopfgefieder (»Brutkleid«), das nach der Brutzeit durch ein weißes ersetzt wird. Junge Lachmöwen sind an dem leicht bräunlichen Federkleid und der schwarzen Schwanzkante zu erkennen.

Die **Trauerseeschwalbe** erhielt ihren Namen nach der überwiegend dunklen Gefiederfarbe. Die schlanke, nur amselgroße Seeschwalbe sucht in gewandtem Flug über dem Wasser nach Insekten und kleinen Fischen.

Der **Höckerschwan** gehört zu den größten und schwersten flugfähigen Vögeln der Erde. Zur Brut und zur sicheren Aufzucht der Jungen benötigt ein Schwanenpaar ein sehr großes Wasserrevier, das das Männchen sehr energisch gegen seine Nachbarn verteidigt.

Graureiher

Lachmöwe

Trauerseeschwalbe

Höckerschwan

Die **Rohrweihe** sucht im Schaukelflug über Schilf und Sumpfwiesen nach Fröschen, Fischen, Jungvögeln, Mäusen, Ringelnattern, Insekten.
Der **Schwarzmilan** späht in langsamem Flug über Gewässern nach toten, treibenden Fischen. Er ist an der dunklen Färbung und dem schwach gegabelten, sehr beweglichen Schwanz zu erkennen.
Der **Fischadler** hält mit möwenartig gewinkelten Flügeln über dem Wasser fliegend nach Fischen Ausschau. Mit weit vorgestreckten Beinen stürzt er sich ins Wasser.
Der **Seeadler** hält beim Segeln seine Flügel brettartig ausgebreitet. Alle Wasservögel werden unruhig, wenn er sich zeigt, und fliehen. Dadurch kann er kranke Tiere, auf die er Jagd macht, leichter erkennen.

Rohrweihe

Schwarzmilan

Fischadler

Seeadler

Die kaninchengroße **Bisamratte** ist zwar überwiegend nachts aktiv, läßt sich aber auch am Tage in einem Graben schwimmend sehen. Sie stammt aus Nordamerika und kommt in Europa erst seit 1905 vor. Da sie einerseits durch ihr Wühlen in Dämmen Schaden macht und andererseits einen wertvollen Pelz liefert, stellen ihr Bisamrattenfänger mit Unterwasser-Fallen nach.
Die Bisamratte verrät ihre Anwesenheit in pflanzenreichen Gewässern durch ihre Fraßspuren: abgebissene umherschwimmende Pflanzenteile und die Reste von Muscheln auf kleinen Plattformen direkt am Ufer.
Die **Nordische Wühlmaus** und die sehr ähnliche Erdmaus leben gern in feuchten Wiesen und an Gräben. Als typische Wühlmäuse haben sie kleine Ohren und Augen, einen kurzen Schwanz und einen wolligen Pelz. Sie fressen frische grüne Pflanzenteile.
Auf die Tätigkeit von Wühlmäusen weisen die Reste von Binsenstengeln oder anderen Pflanzen auf kleinen Fraßplätzen an Bach- und Grabenufern hin.

Bisamratte

Nordische Wühlmaus

Wasserspitzmaus

Die **Wasserspitzmaus** (s. S. 228) kann man auch am Tage an Ufern von Bächen und Gräben bei der Nahrungssuche beobachten. Wenn sie taucht, ist ihr dichter Pelz von einer silbrigen Lufthülle umgeben; er bleibt so trocken. Sie gehört zu den Insektenfressern (s. S. 70, 123), jagt aber auch kleine Fische und Frösche.
Den seltenen **Biber**, der mit etwa 1,30 m Länge und 30 kg Masse unser größtes Nagetier ist, bekommt man wegen seiner nächtlichen Lebensweise kaum zu Gesicht. Auffällig aber sind seine Nagespuren, der kegelförmige »Biberschnitt«, an Bäumen in der Nähe des Ufers. Die Biber fällen die Bäume besonders im Herbst, um die Zweige als Winternahrung im Wasser einlagern zu können.
Zigarrengalle wird treffend die fingerdicke Veränderung der Schilfstengelspitze bezeichnet, die meist erst im Winter oder Frühling am alten Halm auffällt. In ihr lebt und überwintert die Larve der **Schilf-Halmfliege,** aber als »Untermieter« oft auch andere Insekten.

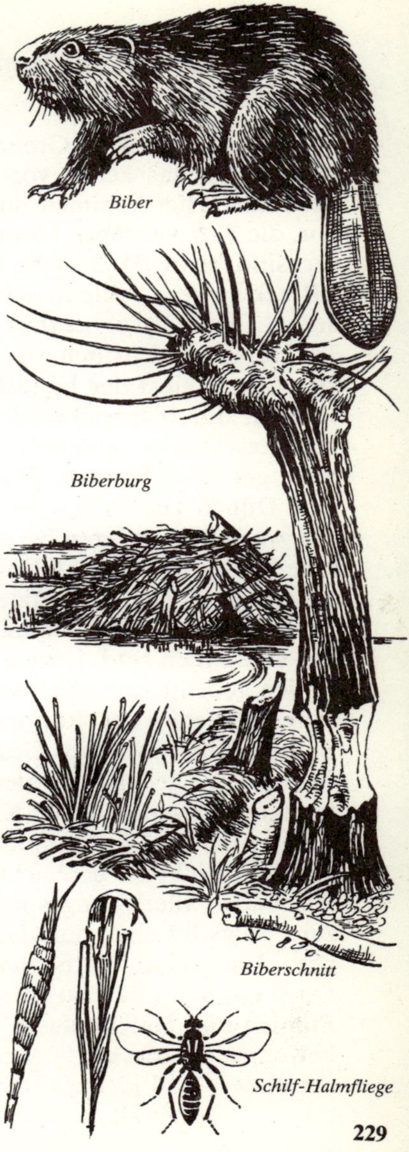

Biber

Biberburg

Biberschnitt

Zigarrengalle

Schilf-Halmfliege

Pflanzen und Tiere vom Meer, Strand und Bodden

An der Küste, dem Grenzgebiet zwischen Meer und Land, wird das Leben vor allem durch das Salzwasser bestimmt. Hier kommen nur solche Pflanzen und Tiere vor, die Salz vertragen können. In einem Liter Meerwasser sind etwa 35 Gramm Salz gelöst, aber auch das »Brackwasser« – die Mischung aus Meer- und Süßwasser – der Ostsee enthält im westlichen Teil noch 16 Gramm und östlich von Rügen noch 8 Gramm Salz pro Liter. Selbst der Landstreifen oberhalb der Wasserlinie ist durch einsickerndes oder vom Wind heraufgesprühtes Wasser so salzhaltig, daß hier nur »Salzpflanzen« gedeihen können. Direkt auf dem Strand oder in den Dünen finden wir nur wenige Arten, außer dem Salzwasser erschweren besonders der Wind und der lokkere Sand das Leben. Nicht ganz so harte Bedingungen herrschen an den geschützten Buchten und den Bodden, die nur durch einen schmalen Zugang mit der offenen See verbunden sind. Dünen fehlen hier. Auf dem nassen Boden gedeiht eine »Salzwiese«, im Flachwasser ziehen sich kilometerweite Röhrichtgürtel aus Schilfrohr und Simsen hin, und am Grunde der flachen Gewässer wachsen ausgedehnte Unterwasserrasen aus Armleuchteralgen, zwischen denen Kleintiere Schutz suchen.
Die typischen Meerespflanzen und -tiere sind für uns nicht so leicht zu beobachten. Auf dem Strand finden wir jedoch allerlei angespült: Seegras, grobe Tang- und zarte Algenbüschel; dazwischen manch totes Tier: Krabben, Fischchen, Ohrenquallen, viele Muschelschalen. Doch schon im flachen Wasser, auf steinigem Grund, an Pfählen und Hafenmauern können wir lebende Meeresbewohner entdecken: Algen, zahlreiche Krebs- und Weichtiere und kleine Fische.

Die großen **Braunalgen** werden durch Stürme manchmal mit den Steinen, an denen sie festhaften, vom Meeresgrund losgerissen und an den Strand gespült.
Die **Meersaite** ist peitschenschnurartig, rund und mit feinen Härchen besetzt.
Die breiten, lederartigen Bänder des **Fingertangs** und des Zuckertangs können 1 m lang sein. Wir finden sie aber meist abgerissen oder zerfetzt am Strand.
Der **Schotentang** trägt schotenartige Schwimmblasen an den Spitzen.
Der **Sägetang** hat keine Gasblasen, seine Ränder sind sägeartig gezähnt. Der **Blasentang** ist bandförmig, gablig verzweigt und im Mittelteil mit gasgefüllten Blasen besetzt.

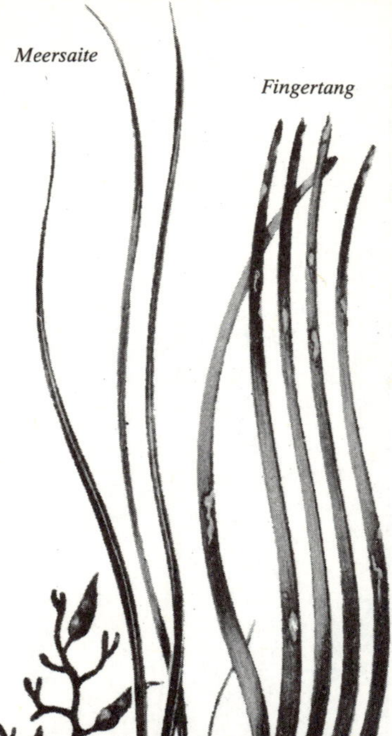

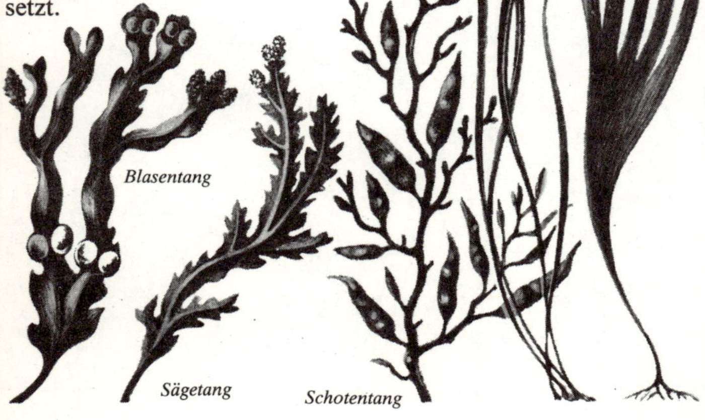

Rotalgen wachsen in tieferem Wasser auf Steinen und Muscheln, am Strand sind sie angespült.
Der **Röhrentang** und der **Horntang** bilden feinverzweigte Büschel. Zart und blattartig ist der 10 cm lange **Seeampfer.**
Der bräunliche **Gabeltang** ist regelmäßig gablig verzweigt.
Viele verschiedene **Grünalgen** wachsen im flachen Wasser an Steinen und Pfählen.
Die **Felsenalge** bildet mit ihren dichten, feinen Fadenbüscheln oft einen pelzartigen Überzug auf Steinen.
Der **Darmtang** oder die Entendarm-Alge wird 20 cm lang, ist röhrenförmig, doch meist bandartig zusammengedrückt.
Der blattförmige **Meersalat** erreicht die Größe einer Handfläche.

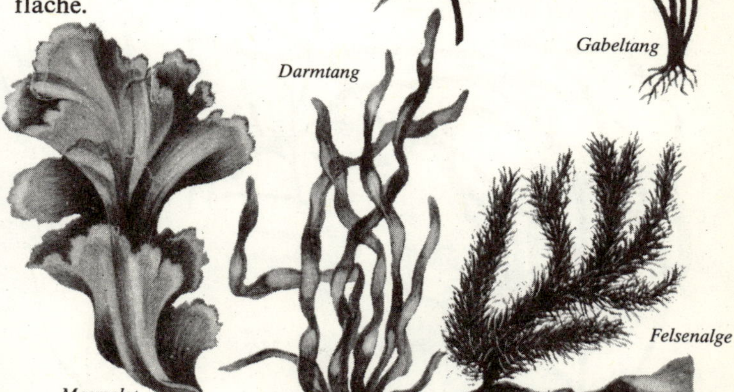

Im schwach salzhaltigen »Brackwasser« der Bodden und stillen Buchten kommen Kamm-Laichkraut, Salde und Teichfaden vor. Sie haben fadenförmige Stengel und Blätter und sind schwer zu unterscheiden. Das über 2 m lange **Kamm-Laichkraut** erhebt im Sommer längliche Blütenähren über die Wasseroberfläche. **Strand-Salde** und **Teichfaden** leben im flachen Wasser und werden nur 40 cm lang. Die wenigen Blüten der Salde bilden eine Ähre, die des Teichfadens sitzen in den Blattachseln und bleiben stets untergetaucht.
Das grasähnliche **Seegras** finden wir häufig am Strand angespült. Es wächst am Meeresboden bis in 10 m Tiefe und bildet unterseeische Wiesen.

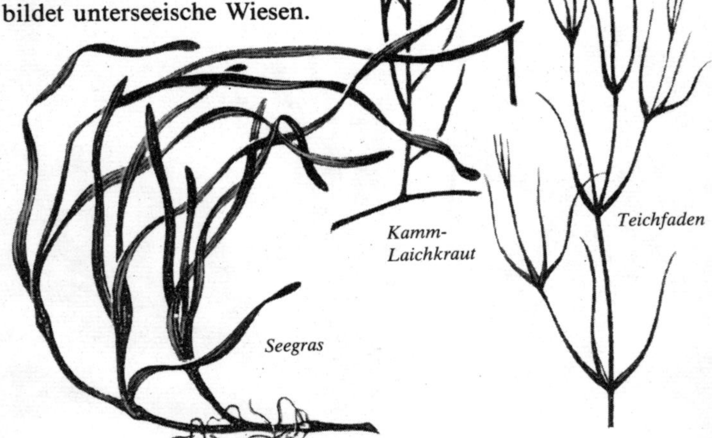

Strandhafer und **Strandroggen** gedeihen im lockeren Dünensand und vertragen es, überweht zu werden. Immer wieder durchwachsen und durchwurzeln sie den Sand und befestigen so die Düne. Wegen dieser Fähigkeit eignet sich besonders der Strandhafer für Küstenschutz-Anpflanzungen. Die **Strandsimse** und die ähnliche **Salz-Teichsimse** wachsen im Flachwasser der Bodden und ruhiger Buchten. Während die Strandsimse einen 3kantigen Stengel hat, ist der graugrüne blattlose Stengel der Salz-Teichsimse rund. Die **Armleuchteralgen** breiten sich oft als dichte Unterwasserrasen aus. Durch die quirlartig angeordneten Seitenäste erscheinen sie meist schachtelhalmähnlich (s. S. 139).

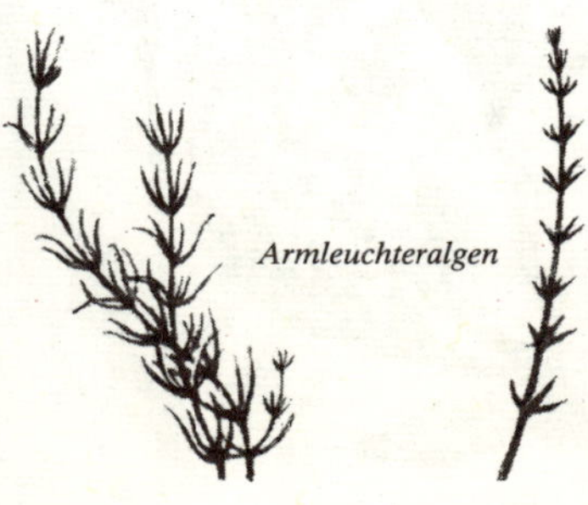

Die **Strand-Aster** oder Salz-Aster finden wir nicht am Sandstrand, sondern an grasigen Ufern von Bodden, Buchten und Gräben. Die 50 cm hohe Aster mit den gelben Röhren- und den violetten Zungenblüten hat wie viele andere Salzpflanzen saftigfleischige Blätter.
Der **Tataren-Lattich** wächst am Fuße von Dünen. Der bis 80 cm hohe Korbblütler stammt aus den Steppengebieten Südosteuropas und Asiens und wurde an der Ostsee zum erstenmal 1902 auf Rügen gefunden. Heute trifft man ihn auch an anderen Stränden, so auf Usedom; er breitet sich immer weiter aus.
Der **Meersenf** gedeiht am Strand auf dem oberen Spülsaum, dem schon von Sand überdeckten Streifen aus angespültem Seegras, Algen und anderem Material. Aus seinen 4zähligen hellvioletten Blüten gehen Schoten mit schwimmfähigen Früchten hervor.

Strand-Aster

Tataren-Lattich

Meersenf

Der **Strand-Beifuß** ist am Strand von Buchten und Bodden anzutreffen. Gegenüber dem Feld-Beifuß in den bewachsenen Dünen ist er stärker filzig behaart, hat gelblichgrüne Blüten und einen starken, würzigen Duft.
Die **Filzige Pestwurz** kennzeichnen große 3eckige, langgestielte Blätter, die unterseits weißfilzig sind. Sie breitet sich durch unterirdische Ausläufer aus.
Die **Stranddistel** ist keine Distel, sondern gehört zu den Doldenblütengewächsen. Ihr halbkugliger blaß-blaugrüner Busch fällt in der Düne zwischen den schlanken Gräsern leicht auf. Die Stranddistel wurde früher häufig abgepflückt, deshalb ist sie so selten, daß sie gesetzlich geschützt werden mußte. Heute gilt sie als das Symbol des Naturschutzes an der Küste.

Strand-Beifuß

Stranddistel

Filzige Pestwurz

Beim **Salz-Tausendgüldenkraut** entwickeln sich die rosaroten Blüten an der Spitze des steif aufrechten Stengels. Sie öffnen sich nur während der Mittagsstunden und werden von Schwebfliegen (s. S. 181), anderen Fliegen und Bienen besucht.
Die **Salz-Grasnelke** mit nur 1 mm breiten Blättern bildet kleine grasartige Polster. Das kuglige Blütenköpfchen auf dem 20 cm hohen blattlosen Stengel zieht auf den Salzwiesen von Mai bis Oktober Fliegen, Bienen und Schmetterlinge an.
Das ungefähr 10 cm hohe **Salz-Milchkraut** findet man in feuchten Salzwiesen. Die etwas fleischigen graugrünen Blätter sind am Stengel meist 4zeilig angeordnet, die kleinen glockenförmigen Blüten sitzen in den Blattachseln.

Der **Meerstrand-Dreizack** wird 50 cm hoch, hat grasähnliche dunkelgrüne Blätter und wegerichähnliche Blütenähren. Er kommt besonders an feuchten Stellen der Salzwiesen vor.
Die **Salz-Binse** ist auf den meisten Salzwiesen die häufigste Pflanze. Ihre nur 20 cm hohen, aber dichten grünen Rasen bilden für die Weidetiere ein wertvolles Futter.
Der **Erdbeer-Klee** blüht rosarot. Nach dem Verblühen sieht der Fruchtstand erdbeerartig aus, da die einzelnen Blütenkelche blasenartig aufgetrieben sind.

Muscheln sind Weichtiere, deren Körper von einer rechten und einer linken Schale umgeben ist. Am Strand der Ostsee finden wir nur noch die angespülten leeren, meist auseinandergefallenen Schalenhälften. Die Größe, zu der eine Meeresmuschel heranwachsen kann, hängt vom Salzgehalt des Wassers ab. Deshalb gibt es die kleinsten Schalen im östlichen Küstenbereich, während man nach Westen zu immer größere Schalen finden kann.

Die **Miesmuschel** heftet sich an Pfählen und Steinen fest. Unsere Vorfahren, die Menschen der Steinzeit, haben sie sehr gern gegessen.

Die **Herzmuschel** lebt flach eingegraben in Sand oder Schlamm.

Die Schale der **Ostseeplattmuschel,** auch Rote Bohne genannt, ist beim lebenden, im Meeresboden eingegrabenen Tier gelbgrünlich gefärbt. Erst nach dem Tode der Muschel wird sie rosa-weißlich. So finden wir die Schalen dann am Strand.

Die **Sandklaffmuschel** steckt bis 20 cm tief im Sandboden der Ostsee. Über einen langen Schlauch versorgt sie sich mit frischem Wasser und Nahrung.

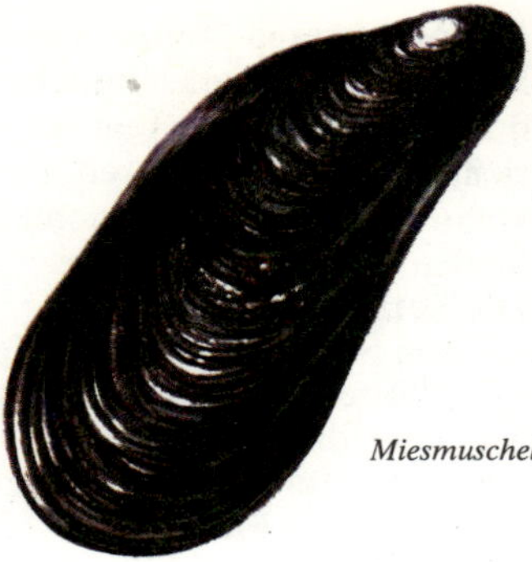

Miesmuschel

Herzmuschel

Ostsee-plattmuschel

Sandklaffmuschel

Die kleinen Schnecken **Strandschnecke** und **Wattschnecke** leben unter Wasser auf Tang und Seegras. Sie sind für viele Fische ein wichtiges Futter. Auf Tang, Muschelschalen oder anderen Unterlagen findet man häufig verschiedene Gehäuse kleiner Tiere.
Seepocken werden die von einem 1 cm großen Kalkgehäuse umgebenen kleinen festsitzenden Krebstiere genannt. Ihre Beine sind zu einem Fangorgan umgestaltet, mit dem sie durch das Wasser schlagen, um winzige Lebewesen zu fangen.
Posthörnchenwürmer leben einzeln in spiralig geformten Kalkgehäusen.
Moostierchen sind festsitzende winzige Tierchen, die in dicht und regelmäßig nebeneinander angeordneten Gehäusen wohnen und mit ihren Fangorganen das Wasser nach winziger Beute durchkämmen.

Strandschnecke

Wattschnecke

Seepocken

Posthörnchenwurm

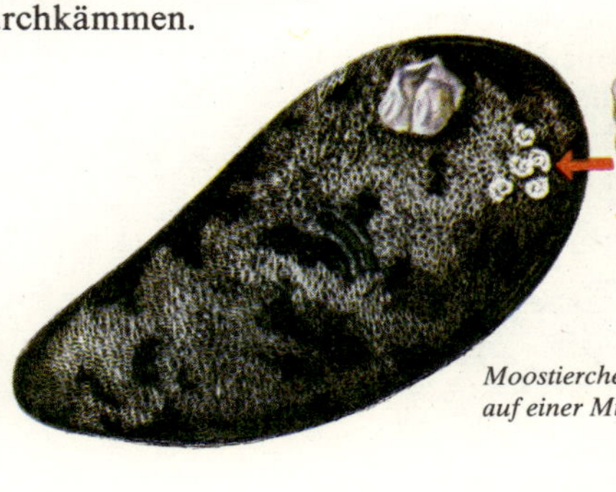
Moostierchenkolonie auf einer Miesmuschel

Die **Ohrenqualle** ist leicht an den 4 hufeisenförmigen Fortpflanzungsorganen zu erkennen, die im Gegensatz zum sonst überwiegend farblosen Körper rötlich bis blau gefärbt sind. Zum Fangen und Töten der Nahrung dienen winzige Nesselzellen auf den kleinen Fangfäden am Schirmrand. Für den Menschen ist das Berühren einer Ohrenqualle ungefährlich.

Die **Gelbe Haarqualle** wird größer als eine Ohrenqualle und hat einen gelbbraunen Schirm mit dunkelbrauner Sternzeichnung. Vom Schirmrand hängen haarfeine, aber meterlange Fangfäden herab, deren Nesselgift auch für den Menschen sehr unangenehm ist.

Der **Seestern** ist nur im westlichen, stärker salzhaltigen Teil der Ostsee anzutreffen. Mit Hilfe der zahlreichen kleinen Saugfüßchen an der Unterseite seiner Arme kann er langsam kriechen. Er ist ein Räuber, der sich vor allem von Muscheln ernährt.

Ohrenqualle

Gelbe Haarqualle

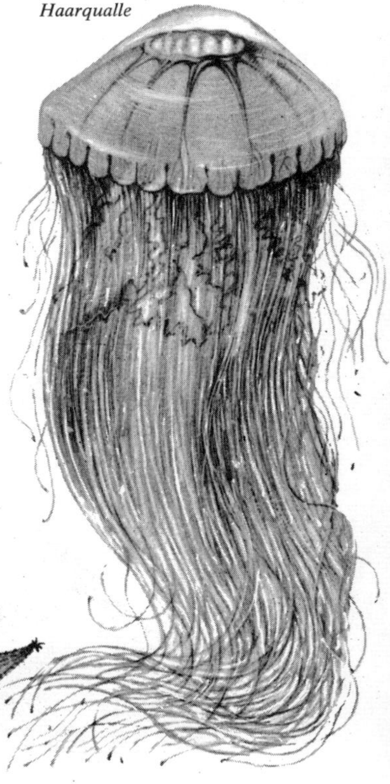

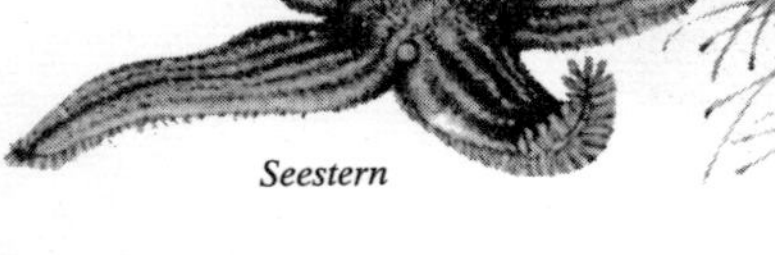

Seestern

Die **Strandkrabbe** kommt im Flachwasser der westlichen Ostsee vor. Ihr Kopf-Brust-Panzer wird bis 8 cm breit. Das Tier lebt räuberisch und läuft meist seitwärts.
Die Stein- oder **Ostseegarnele** ist ein 5 cm langes, glasig durchsichtiges Krebstier, das im flachen Wasser zwischen Pflanzen und Steinen lebt. Es kann laufen, schwimmen und bei Gefahr durch heftige Schwanzschläge blitzschnell davonschießen.
Die ähnliche Sand- oder **Nordseegarnele** bevorzugt sandigen Untergrund, in den sie sich tagsüber eingräbt.
Der 1 cm lange **Flohkrebs** kommt im flachen Wasser unter Steinen und zwischen Pflanzen vor.
Der **Strandfloh** dagegen lebt auf dem Strand zwischen angespültem Tang und Seegras. Bei Gefahr kann er bis 30 cm weit springen. Beide Krebstierchen sind häufig und ein begehrtes Futter für Vögel, Fische und andere Tiere.

Strandkrabbe

Ostseegarnele

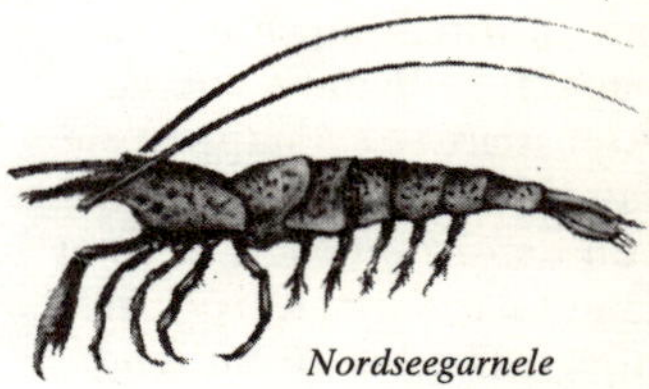
Nordseegarnele

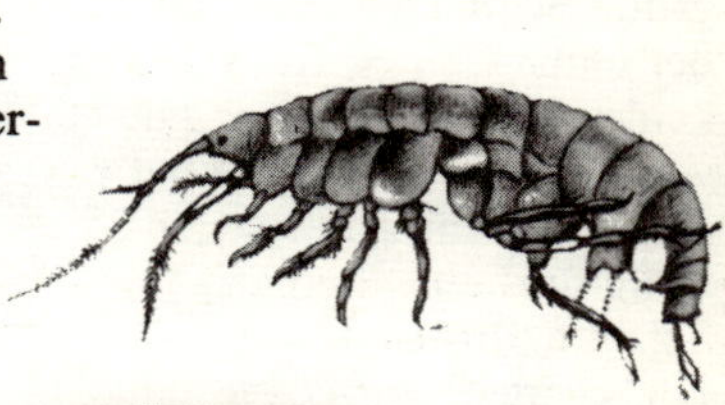
Flohkrebs

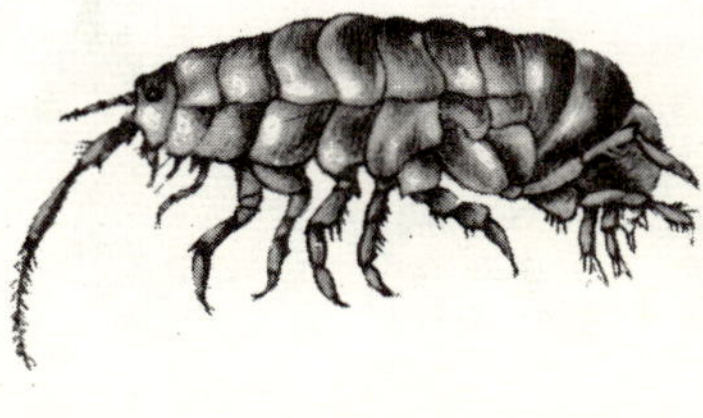
Strandfloh

Der **Seestichling** hat 14 bis 17 Stacheln vor seiner Rückenflosse. Ebenso wie die anderen Stichlinge (s. S. 215), die auch in der Ostsee vorkommen, ist er ein Kleintierjäger, der sich in Bodennähe aufhält. Hier baut das Männchen auch das Nest und bewacht und pflegt die Eier und die Jungfische.
Die **Schlangen-** und **Grasnadeln** sind häufige Bewohner der Algen- und Seegraswiesen. Durch ihren sehr schlanken Körper, die grünliche Färbung und den beweglichen Greifschwanz sind sie ausgezeichnet an ihre Umgebung angepaßt. Ihre Beute – kleine Krebstiere – schnappen sie saugend ein. Die Eier werden von den Männchen in einer Hauttasche am Körper gepflegt. Die bis 20 cm lange grüne **Schlangennadel** hat außer einer kleinen Rückenflosse keine anderen Flossen. Die etwas größere **Grasnadel** hat eine deutliche Ringelzeichnung und eine kleine Schwanzflosse.
Die kleinen, nur 20 cm langen **Sandaale** oder Tobiasfischchen sind die häufigsten Fische der Ostsee. Schon beim Baden kann man große Schwärme umherschwimmen sehen.

Seestichling
Schlangennadel
Sandaal
Grasnadel

Der langgestreckte **Hornhecht** fällt wegen seiner lebhaften Färbung auf: blaugrüner Rükken, hellgrüne Seiten, silbriger Bauch. Ganz ungewöhnlich ist, daß sogar Knochen und Gräten hellgrün sind. Der Hornhecht ernährt sich von Kleinfischen und Krebstieren. Manchmal findet man einen großen **Dorsch** oder Kabeljau am Strand, den man an seinen 3 Rückenflossen, 2 darunterstehenden Afterflossen und dem vorspringenden Unterkiefer erkennen kann.

Grundel oder Strandküling, Seehase und Scheibenbauch leben im flachen Wasser am Boden zwischen Steinen und Pflanzen. Sie schwimmen meist ruckartig und können sich mit ihren eng zusammenstehenden Bauchflossen an einem Stein festsaugen.

Flunder, Scholle und Steinbutt sind am Boden lebende Plattfische: ihr Körper ist stark abgeflacht. Beide Augen befinden sich auf einer Seite (Augenseite), mit der anderen, der Blindseite, liegen die Tiere auf dem Untergrund. Beim rundlichen, bis 1 m langen Steinbutt sitzen die Augen auf der linken Seite, bei den Flundern und Schollen auf der rechten.

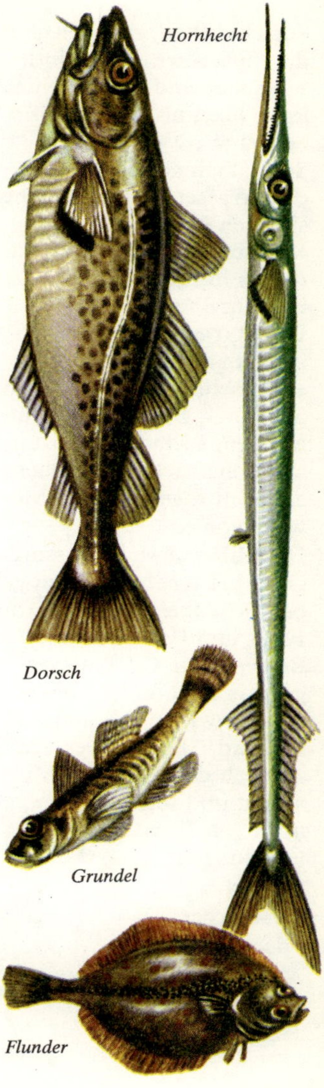

Seeschwalben, zum Beispiel die **Flußseeschwalbe,** sind schlanker und haben schmalere Flügel als Möwen. Ihr Schwanz ist wie bei den Schwalben gegabelt. Über dem Wasser fliegend, spähen sie nach kleinen Fischen, Krebsen oder Wasserinsekten, die sie in rasantem Sturz kopfüber ins Wasser ergreifen.

Flußseeschwalbe

Die **Sturmmöwe** ist krähengroß, hat grüne Füße und einen schlanken grüngelben Schnabel. Die Möwen brüten auf dem Erdboden meist gemeinschaftlich dicht nebeneinander in sogenannten »Möwenkolonien«.

Sturmmöwe

Die **Silbermöwe** ist bussardgroß, hat einen kräftigen gelben Schnabel mit einem roten Fleck und fleischfarbene Beine. Junge Großmöwen tragen bis zu ihrem 3. Lebensjahr ein überwiegend braunes Federkleid. Silbermöwen ernähren sich von Krebsen, Muscheln und toten Fischen, aber auch von Eiern und Jungen anderer Küstenvögel oder von Abfällen.

Silbermöwe

Jungvogel

Altvogel

Die **Brandgans** oder Brandente fällt durch ihre überwiegend weiße Färbung und die Größe auf: sie ist größer als eine Stockente. Ihr Nest legt sie in einer selbstgegrabenen Erdhöhle oder in einem alten Fuchsbau an.

Brandgans

Die **Löffelente** hat einen großen löffelförmigen Schnabel mit kammartigem Rand, mit dem sie besonders gut ihre Nahrung aus dem Wasser herausfiltern kann. Sie liebt flache Boddengewässer, ihr Nest richtet sie meist auf den Salzwiesen-Inseln ein.

Löffelente

Der schlanke Schnabel des **Mittelsägers** ist am Rande sägeartig gezähnt. Mit ihm kann er gut Fische festhalten, die er tauchend erbeutet. Im Winter kommen aus dem Norden der kleinere Zwerg- und der größere Gänsesäger an unsere Küste (s. S. 251).

Mittelsäger

Der große schwarze **Kormoran** sitzt häufig mit ausgebreiteten Flügeln auf einem Pfahl über dem Wasser, um sein Gefieder zu trocknen. Das Durchnässen der Federn beim Tauchen erleichtert dem Vogel die Fischjagd.

Kormoran

Die heimischen **Kraniche** verhalten sich während der Brut und der Jungenaufzucht sehr heimlich. Eine auffällige Erscheinung dagegen sind die großen Scharen nordischer Kraniche, die man im Herbst und im Frühling in unserem Küstengebiet beobachten kann. Auf den Wanderungen zwischen ihrem Brutgebiet und dem südlichen Winterquartier sind ihnen diese Rastplätze unentbehrlich.

Saatgans und Bleßgans sind Wintergäste aus Nordeuropa und Sibirien und halten sich in unserem Küstenbereich von Oktober bis März auf. Tagsüber weiden sie auf Feldern und Wiesen, die Nacht verbringen sie meist auf Seen und Boddengewässern.

Die **Kanadagans** stammt aus Nordamerika und wurde erst vor wenigen Jahrzehnten in Schweden angesiedelt. Von dorther kommen die großen dunklen Tiere mit dem weißen Wangenfleck als Wintergäste zu uns.

Die **Graugans** erscheint heller als andere Wildgänse, im Fluge wirkt die vordere Flügelhälfte silbergrau. Ihre Stimme ähnelt der der Hausgans, die von ihr abstammt.

Kranich

Saatgans

Kanadagans

Graugans

Anfangs sind sie nur schwer zu unterscheiden, die **Strand-** und **Wasserläufer, Regenpfeifer** und **Schnepfen**: mit überwiegend braunem Gefieder, langem Schnabel und langen Beinen trippeln sie über den Strand oder waten im flachen Wasser. Doch bald erkennt man ihre verschiedene Gestalt und Körpergröße, Färbung und Verhaltensweise. Nur wenige Arten, zum Beispiel der **Alpenstrandläufer,** brüten bei uns (meist auf den Vogelschutzinseln), die anderen, wie den **Knutt**, beobachten wir im Frühling oder Herbst auf ihrem Durchzug.
Der auffällige **Säbelschnäbler** schwenkt bei der Nahrungssuche seinen langen, nach oben gebogenen Schnabel seitwärts durch das flache Wasser.
Der taubengroße **Austernfischer** lebt nicht von Austern, die es bei uns auch gar nicht gibt, sondern von Würmern, Krabben, Schnecken und kleinen Muscheln, die er geschickt öffnet.
Der lerchengroße **Sandregenpfeifer** braucht zur Nahrungssuche und als Nistplatz Sandstrand.

Alpenstrandläufer

Knutt

Säbelschnäbler

Austernfischer

Sandregenpfeifer

Unsere Küste erscheint im Winterhalbjahr besonders reizvoll: Viele **Entenvögel** kommen aus ihren nördlichen Brutgebieten zum Überwintern hierher, und man kann sie leicht beobachten.

Auf die kleine **Eisente,** die sich von Oktober bis April gern an der Küste vor Steilufern aufhält, wird man schon durch die melodischen »Au-aulick«-Rufe der Männchen aufmerksam. Die geselligen Tiere tauchen nach Muscheln und Krebstieren. Nicht selten findet man ölverschmierte tote Enten am Strand.

Trauer- und **Samtenten** sind hervorragende Taucher. Wird jedoch ihr Gefieder durch Ölreste im Wasser verklebt, durchnäßt es schnell, und die Vögel sterben an Unterkühlung.

Die **Eiderente** – in kleinen Gruppen vor der Küste zu beobachten – ernährt sich von Muscheln und Krebsen, die sie aus 2 bis 5 m Wassertiefe herausholt. Einzelne Tiere bleiben über den Sommer hier, jedoch ohne zu brüten. Sehr begehrt zum Füllen von Federbetten waren früher die Nest-Dunen, Flaumfedern vom Bauch, die sich die Ente zur Brutzeit auszupft und damit das Nest auspolstert.

Die **Bergente** aus Schweden und Finnland findet sich auf unseren winterlichen Boddengewässern meist in größeren Schwärmen ein. Sie ist oft ebenso häufig wie die ähnliche Reiher- und die Stockente (s. S. 225).
Aus der Tundra im äußersten Norden Europas kommt in jedem Winter der kleine entenähnliche **Zwergsäger** zu uns. Er bevorzugt die Boddengewässer, wo er nach Fischen, Krebsen und Muscheln taucht.
Der **Gänsesäger** jagt Fische, sein langer dünner Schnabel trägt seitlich sägeartige Hornzähne und vorn eine Hakenspitze. Die Wintergäste aus Schweden und Finnland halten sich auf Bodden, großen Seen und in Flußmündungen auf. Der ähnliche Mittelsäger (s. S. 247) ist kleiner.
Die Stimme des **Singschwans** erinnert, wenn sie über den winterlichen Bodden klingt, an fernes Glockengeläut. Im Gegensatz zum Höckerschwan (s. S. 226) hat er einen gelbschwarzen Schnabel, keinen Stirnhöcker, und er hält seinen Hals meist steil aufrecht.

Bergente

Zwergsäger

Gänsesäger

Singschwan

Pflanzen und Tiere im Gebirge

Wandern wir im Gebirge aufwärts, so kommen wir nacheinander durch deutlich verschiedene Pflanzengemeinschaften. Die unterste Gebirgsstufe ist die Laubwaldzone mit reichen Buchen- und Mischwäldern. Darüber folgt die Nadelwaldzone mit Fichten, Tannen, Lärchen und Zirbel-Kiefern. An ihrem oberen Rand hört der Wald auf: Wir sind an der Waldgrenze. Nur einzelne Bäume und Baumgruppen gibt es an geschützten Stellen auch noch höher, ihr höchstes Vorkommen wird als Baumgrenze bezeichnet. Oberhalb der Waldgrenze beginnt das Hochgebirge mit der Krummholzzone, die von der Berg- oder Latschen-Kiefer geprägt wird. Letzte niedrige Sträucher wachsen in der anschließenden Zwergstrauchzone. Schließlich gedeihen nur noch Hochgebirgsrasen oder Matten, die sich aber mit zunehmender Höhe auflösen. Eisige Stürme und lastender Winterschnee erzwingen hier niedrigen Wuchs, Rosetten- und Polsterbildung der Pflanzen. Auf den Gipfelfelsen kann sich kein Leben mehr halten, zu rauh ist hier das Klima, zu kalt die Nächte, zu lang der Winter, zu stark die Sonnenstrahlung.

Die wenigen Tierarten, die oberhalb der Waldgrenze leben, haben sich den harten Bedingungen auf ihre Weise angepaßt: Die Murmeltiere verbringen über die Hälfte des Jahres im Winterschlaf, die Insekten fliegen nur in der wärmsten Jahres- und Tageszeit, die Gemsen klettern im Winter in tiefere, durch Wald geschützte Regionen hinab.

Neben dieser klaren Höhenstufung haben sich im Gebirge aber auch an besonderen Standorten, wie Felswänden und Schluchten, Geröll und Schutt, Quellen, Mooren und Bergbächen, eigene Lebensgemeinschaften gebildet.

Die **Tanne** läßt sich in vielen Merkmalen von der Fichte (s. S. 77) unterscheiden: Tannennadeln sind breit, an ihrem Ende eingekerbt, haben auf der Unterseite 2 weißliche Längsstreifen und sitzen mit einem saugnapfähnlichen Fuß am Zweig. Die Zweige sind glatt und nicht schuppig-stachlig wie bei der Fichte, auch ist die Borke am Stamm glatt und weißlich. Tannenzapfen hängen nicht, sondern stehen aufrecht und zerfallen am Baum. Deshalb kann man sie niemals am Erdboden finden.

Aus **Berg-Kiefern** oder Latschen besteht das buschförmige sogenannte Knie- oder Krummholz, das den im Gebirge am höchsten lebenden Baumbestand bildet.

Die kräftige **Zirbel-Kiefer** oder Arve hat dicke 3kantige Nadeln, die in Büscheln zu fünft an den Zweigen sitzen. Die rundlichen aufrechten Zapfen enthalten erbsengroße eßbare Zirbelnüsse.

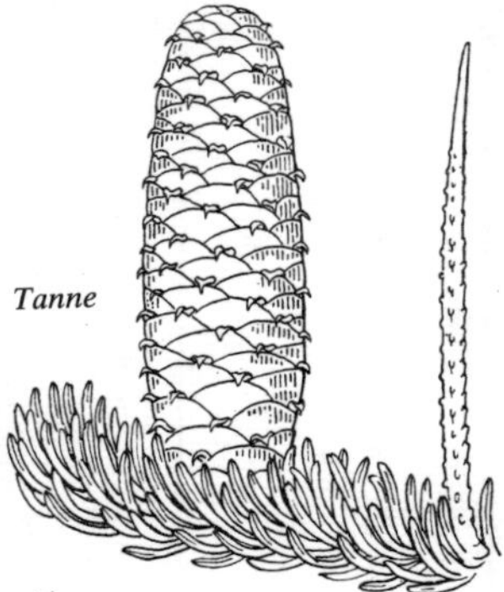

Tanne

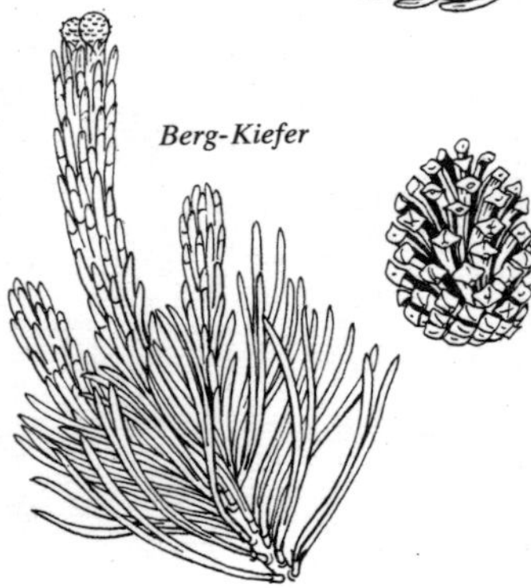

Berg-Kiefer

Zirbelnuß

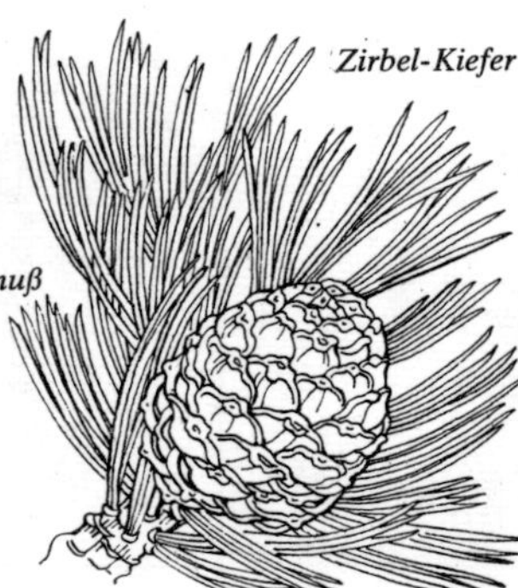

Zirbel-Kiefer

Der **Rippenfarn** mit den länglichen, einfach gefiederten Blättern kommt in schattigen Bergwäldern vor.
Der **Grüne Streifenfarn** hat nur 15 cm lange Blätter. Er wächst vorzugsweise in Felsspalten.
Die bis 80 cm hohen Blätter der **Weißen Pestwurz** findet man häufig an Ufern von Bergbächen. Ihre Blütenstände erscheinen schon im Frühjahr. Die im Sommer manchmal unter dem Blätterdach sichtbaren gelben Blütenstände gehören zur **Pestwurz-Sommerwurz,** einer Schmarotzerpflanze ohne Blattgrün, die ihre Nährstoffe aus den Wurzeln der Weißen Pestwurz entnimmt.

Rippenfarn

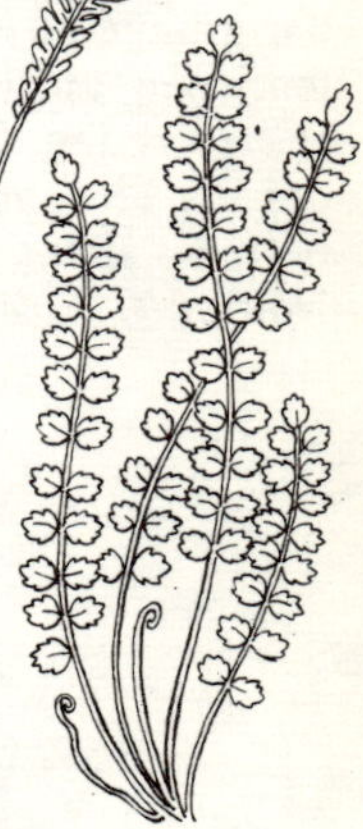

Grüner Streifenfarn

Sommerwurz (Blütenstand)

Weiße Pestwurz (Blätter)

Der **Wald-Geißbart** wächst jedes Jahr wieder zu einer bis 1,5 m hohen Staude heran. Er gedeiht besonders in Schluchten und am Rande feuchter Bergwälder.
Das etwa 50 cm hohe **Christophskraut** fällt im Sommer durch seine schwarzen Beeren auf, die in kleinen Trauben an der Spitze des Stengels sitzen. Sie sind giftig.
Der **Rote Holunder,** auch Berg- oder Hirsch-Holunder, hat grüngelbe eiförmige Blütenrispen, an denen später rote Beeren reifen. In den Zweigen des bis 3 m hohen Strauches befindet sich gelbbraunes Mark.

Wald-Geißbart

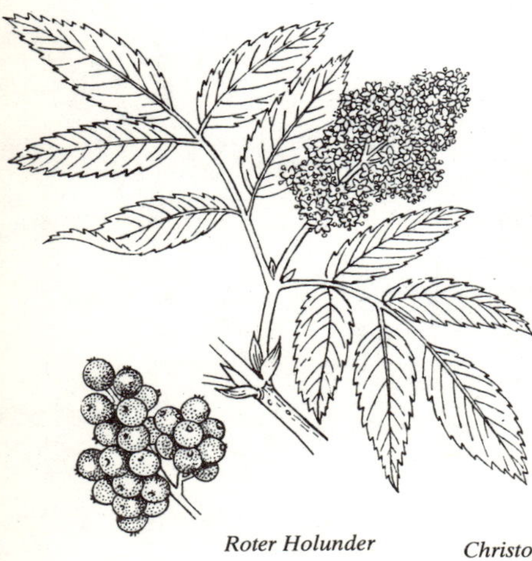

Roter Holunder

Christophskraut

Die Blätter des **Platanen-Hahnenfußes** ähneln in ihrer Form denen der Platane. Die bis 1 m hohe Staude mit den weißen, 5teiligen Blüten gedeiht im Laubwald der Gebirge.
Das 1 m hohe **Wilde Silberblatt,** auch Mondviole, liebt schattige feuchte Wälder in Bergschluchten. Aus den rötlichvioletten 4teiligen Blüten entwickeln sich bis 8 cm lange und 3 cm breite, aber sehr flache Schoten. Nach dem Reifen der Samen und dem Abfallen der Schotenhälften bleiben die feinen silbrig schimmernden Zwischenwände der Schoten an den Stielen zurück. Zu Trockensträußen verwendet man aber besser eine verwandte Gartenform des Silberblattes.

Platanen-Hahnenfuß

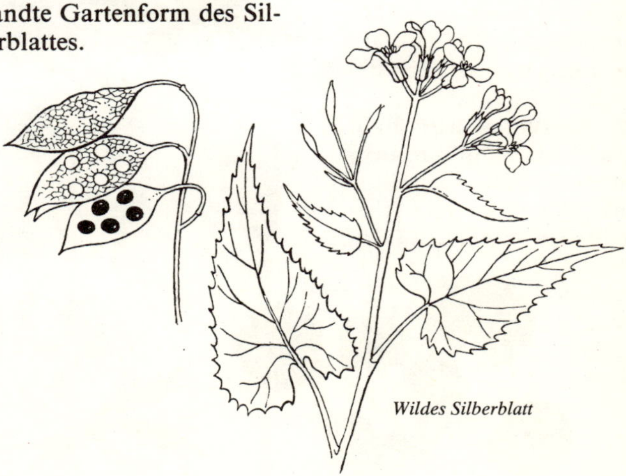

Wildes Silberblatt

Der **Blaue Eisenhut** hat dunkelviolette Blüten, deren oberstes Blütenblatt helmartig gewölbt ist. Die über 1 m hohe kräftige Giftpflanze wächst gern zwischen anderen hohen Stauden, besonders an Ufern von Bergbächen.

Der **Gelbe Eisenhut** mit den hellgelben Blüten und dem langgezogenen »Helm« des obersten Blütenblattes liebt nicht zu feuchte Wiesen und Waldränder. Alle Eisenhutarten sind giftig und stehen unter Schutz.

Verschiedene Arten des **Rittersporns** wachsen oft in Nachbarschaft von Eisenhut und anderen Hochstauden. Beim Rittersporn ist das oberste Blütenblatt nicht so auffällig helmartig gewölbt, hat dafür aber einen langen, nach hinten gerichteten Sporn.

Der **Alpenlattich** wird 20 bis 30 cm hoch, blüht purpurrot und hat herzförmige glänzende Blätter. Er liebt schattige Stellen in Nadelwäldern, an Bachufern und zwischen Felsen.

Der **Alpen-Milchlattich** gedeiht auf humusreichem Boden hochgelegener Bergwälder und Lichtungen. Die blauvioletten Korbblüten sitzen traubenförmig an der Spitze des über 1 m hohen Stengels.
Beim **Alpendost** setzt sich der doldenartige Blütenstand aus zahlreichen blaßroten Korbblüten zusammen. Die unteren, langgestielten Blätter sind groß, herzförmig und am Rande grob gezähnt. Die über 1 m hohe Staude wächst auf humusreichem Waldboden.
Der **Purpur-Hasenlattich** ist eine etwa 1 m hohe kahle blaugrüne Pflanze mit kleinen rotvioletten Blüten in einer lockeren Blütenrispe.

Alpen-Milchlattich

Alpendost

Purpur-Hasenlattich

Der **Germer** fällt auf Bergwiesen besonders auf, weil er sich unberührt vom weidenden Vieh zu einer kräftigen, bis 1,5 m hohen Pflanze entwikkeln kann: er ist stark giftig. Seine 50 cm hohe Blütenrispe besteht aus zahlreichen grünlich-weißen 6teiligen Einzelblüten; die Blätter haben auffallende Längsnerven.
Die **Sterndolde** wächst auf Wiesen, an Wald- und Wegrändern.
Die **Bärwurz** ist durch die haarfein aufgefiederten Blätter und den würzigen Duft und Geschmack unverkennbar. Die kleine Blütendolde der 40 cm hohen Pflanze trägt viele rosa Einzelblüten, die sternförmig von weißlichen Hüllblättern umgeben werden.

Germer

Bärwurz

Sterndolde

Die **Wollkopf-Kratzdistel** kann durch die dichte wollig-filzige Hülle der bis 5 cm dicken Blütenköpfe mit keiner anderen Distel oder Kratzdistel verwechselt werden. Sie steht häufig auf Weideflächen, da sie wegen ihrer vielen derben Stacheln nicht von den Tieren gefressen wird.
Die **Klebrige Kratzdistel** blüht gelb. Die bis 1,5 m hohe wenig stachlige Staude mit den länglichen Fiederblättern kommt auf Wiesen, an Bach- und Wegrändern vor.
Die stengellose **Silberdistel** bildet am Boden eine flache Rosette, in deren Mitte ein 7 cm breiter Blütenkopf sitzt, der sternförmig von silbrig-weißen Hüllblättern umgeben ist. Die Silberdistel liebt trockenen Boden und kommt auf steinigen Viehweiden und in lichten Wäldern vor.

Wollkopf-Kratzdistel

Klebrige Kratzdistel

Silberdistel

Die 50 cm hohe **Arnika** oder der Wohlverleih mit dem einzelnen dottergelben und 5 cm breiten Blütenkopf liebt sandige oder moorige Standorte und steht unter Naturschutz, wird aber auch heute noch als Arzneipflanze verwendet.
Die **Österreichische Gemswurz** wird 1 m hoch und hat 5 bis 10 Blütenköpfe von 5 cm Durchmesser. Man trifft sie in Wäldern, an Bachufern und auf schattigen Wiesen.
Beim **Orangeroten Habichtskraut** finden wir eine erstaunliche Farbkombination – die 2 bis 8 kräftig orangeroten Blütenköpfe sitzen in fast schwarzen Hüllen. Auch die Spitze des bis 50 cm hohen Stengels ist schwarz behaart.

Arnika

Orangerotes Habichtskraut

Österreichische Gemswurz

Die **Alpen-Aster** wird 20 cm hoch. Sie trägt etwa 4 cm breite Blütenköpfe mit gelben Röhren- und violetten Zungenblüten. Die Pflanze gedeiht besonders gut an Kalkfelsen.
Das **Alpen-Maßliebchen** ähnelt sehr dem verwandten Gänseblümchen, doch ist es deutlich größer: das einzige Blütenköpfchen wird 2 bis 4 cm breit, sein Stiel 10 bis 30 cm hoch.
Die **Berg-Flockenblume** hat blaue Zungenblüten und violette Röhrenblüten. Sie ist auf steinigen Bergwiesen und an Kalkfelsen zu finden.
Die **Teufelskrallen** oder Rapunzel haben schlanke, krallenähnlich gekrümmte Blüten, die in dichten Ähren oder Köpfen zusammensitzen. **Hallers Teufelskralle** blüht blauviolett und wächst vorwiegend auf Bergwiesen. Die **Kopfige Teufelskralle** oder Kugel-Rapunzel hat einen blauen, fast kugligen Blütenstand und gedeiht vor allem auf Moorwiesen.

Die **Zwerg-Glockenblume** liebt Kalkgestein und wächst in Felsspalten und auf Schotterhalden. An jedem Stengel, der nicht höher als 15 cm wird, hängen bis zu 5 blaue Glokken, die ebenso lang wie breit sind.

Der **Schwalbenwurz-Enzian** blüht erst ab September auf Bergwiesen und an Waldrändern. Der schlanke, etwas überhängende, bis 80 cm lange Stengel trägt große dunkelblaue 5zipflige Glockenblüten.

Der **Kreuz-Enzian** hat einen dicken, kräftigen, bis 40 cm hohen Stengel und saftig glänzende Blätter. Seine schmalen blauen 4zipfligen Blüten erscheinen erst im Juli.

Zwerg-Glockenblume

Schwalbenwurz-Enzian

Kreuz-Enzian

Der **Stengellose Enzian** hat einen sehr kurzen Stengel, aber eine große, bis 7 cm lange trompetenförmige tiefblaue Blüte. Je nach der Höhenlage blüht er zwischen April und August.
Der **Frühlings-Enzian** blüht schon ab März. Die 2 cm breite Blüte sitzt auf kurzem Stengel.
Der **Schnee-Enzian** mit dünnem kurzem Stengel bringt ab Mai mehrere Blüten hervor. Nur auf feuchten Hochgebirgswiesen gedeiht dieser Enzian.
Der **Deutsche Enzian** wird 30 cm hoch, blüht violett und besiedelt
trockenen, kalkreichen Wiesenboden.

Stengelloser Enzian

Deutscner Enzian

Frühlings-Enzian

Schnee-Enzian

Die **Alpen-Aurikel** wurzelt meist in Kalkfelsspalten. Ihre hellgelben Blüten und die zur Rosette geordneten glatten rundlichen Blätter machen sie leicht erkennbar.
Die **Zwerg-Primel** wächst auf steinigem Boden im Hochgebirge. Diese nur 3 cm hohe Rosettenpflanze trägt eine leuchtend rote 5teilige Primelblüte, deren Blütenblätter aber so tief eingekerbt sind, daß die Blüte 10teilig wirkt.
Das **Stengellose Leimkraut** ist eine der auffallendsten und dem Hochgebirge besonders angepaßten Pflanzen. Es bildet dichte, aber nur 3 cm hohe lebende Polster, deren Pfahlwurzeln über 1 m tief in Felsspalten eindringen. Im Hochsommer ist dieses grüne Kissen mit leuchtend roten Blüten bedeckt, die zahlreiche Schmetterlinge anlocken.

Alpen-Aurikel

Stengelloses Leimkraut

Zwerg-Primel

Das rotblühende **Quirlblättrige Läusekraut** gedeiht auf Quellmooren und anderen nassen Stellen.
Das gelbblühende **Reichblättrige Läusekraut** liebt trockenere Plätze. Die Blätter der Läusekräuter sind fein gefiedert. Ihre Blüten mit der helmartig gewölbten Oberlippe sitzen trauben- oder ährenartig an der Spitze des Stengels.
Das **Alpen-Fettkraut** ist eine insektenverdauende Pflanze. Klebt ein kleines Insekt auf der drüsigen Oberfläche der gelbgrünen fleischigen Blätter, so rollen sie sich vom Rande her zusammen. Erst wenn alle verdaulichen Bestandteile der Beute aufgelöst und aufgenommen sind, streckt sich das Blatt wieder und gibt die leere Insektenhülle frei.
Die **Silberwurz** ist ein langlebiger Zwergstrauch, dessen Äste sich flach an den steinigen Untergrund schmiegen. Die kleinen Blätter sind oberseits glänzend dunkelgrün, unterseits aber durch einen dichten Haarfilz silbrigweiß.

Quirlblättriges Läusekraut

Reichblättriges Läusekraut

Silberwurz

Alpen-Fettkraut

Ausdauernde Felsbewohner sind die **Hauswurz**-Arten. Mit ihren halbkugligen oder sternförmigen Blattrosetten aus dikken, fleischigen, sehr wasserreichen Blättern sitzen sie auf Felsspalten und können längere Trockenheit gut vertragen. Aus großen blühreifen Rosetten erheben sich die Blütenstengel mit sternförmigen dunkelroten, braunen oder gelblichen Blüten.
Die **Fetthenne**-Arten haben kleine dickfleischige Blätter, die am ganzen Stengel verteilt sitzen, aber keine Blattrosette bilden. Die Stengel sind bis zu 10 cm hoch und schimmern meist rötlich, während die kleinen Blütchen überwiegend weiß oder gelb sind.

Spinnweb-Hauswurz

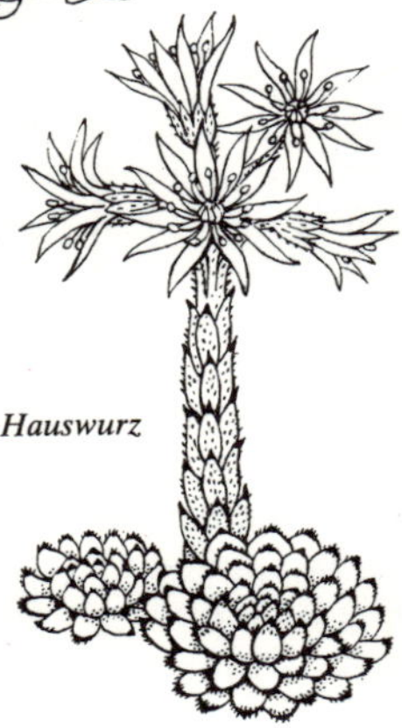

Berg-Hauswurz

Weiße Fetthenne

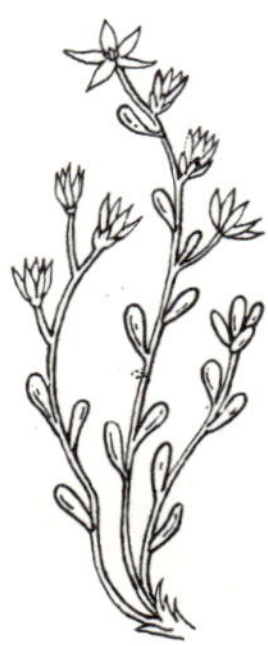

Einjährige Fetthenne

Dunkle Fetthenne

Der **Trauben-Steinbrech** besiedelt Kalksteinspalten und Felsschutt.
Der **Moschus-Steinbrech** gedeiht auf Kalkfelsen und Felsschutt.
Den **Fetthennen-Steinbrech** findet man auf nassen Felsen und an steinigen Bachufern.
Der **Milchweiße Mannsschild** überzieht Kalkgeröll mit einem lockeren Pflanzenteppich.
Der **Schweizer Mannsschild** bildet dichte silbergraue, halbkuglige Polster über Felsritzen.
Der Rote oder **Gegenblättrige Steinbrech** bedeckt Kalkstein mit seinen dichten Polstern.

Trauben-Steinbrech

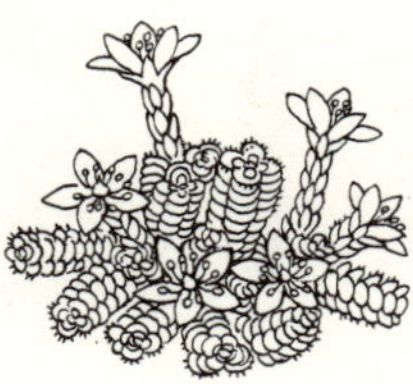

Gegenblättriger Steinbrech

Moschus-Steinbrech

Fetthennen-Steinbrech

Schweizer Mannsschild

Milchweißer Mannsschild

Den seltenen **Apollo-Falter** trifft man im höheren Gebirge meist dort, wo die Futterpflanzen der Raupen – verschiedene Fetthennearten (s. S. 268) – gedeihen: an sonnigen, felsigen Steilhängen. Der auffällige Falter fliegt langsam, segelt häufig und läßt sich gern auf Distelblüten nieder.

In Bergwäldern mit alten Bäumen und reichem Pflanzenwuchs leben noch viele Arten von **Bockkäfern.** Sie sind an den langen Fühlern und der schmalen Gestalt erkennbar. Ihre Larven leben meist in altem Holz oder Mulm (s. S. 112).

Die Ufer- oder **Steinfliege** findet man im Sommer in der Nähe von Gebirgsbächen, in denen sie als Larve gelebt hat. Diese kommt am Ende ihrer Entwicklung aus dem Wasser und klettert an einem Baumstamm empor, wo sie sich aus der Larvenhaut befreit. Langsam flatternd fliegt die Steinfliege davon, ihre leere Larvenhülle am Stamm zurücklassend.

Die **Gelbbauch-Unke** ist in fast allen ruhigen Gewässern des Berglandes, selbst in Wegpfützen anzutreffen. Ihr Ruf ist sehr leise. Bei Gefahr flüchtet sie in den Bodenschlamm.

Apollo-Falter

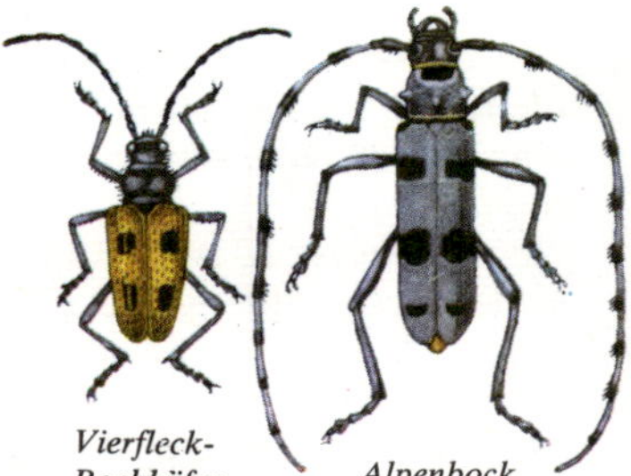

Vierfleck-Bockkäfer

Alpenbock

Steinfliege

Gelbbauch-Unke

Bauchseite

Die **Gemse** hält sich meist oberhalb der Waldgrenze auf, bei Schnee und Eis zieht sie tiefer. Im Winter tragen die Tiere einen dichten schwarzbraunen Pelz, das Sommerfell ist glatt und hell rostfarben. Auch die Weibchen haben nach hinten gebogene Hörner.
Das hasengroße **Murmeltier** lebt auf sonnigen Hochgebirgswiesen. Die wachsamen Nagetiere sitzen häufig aufrecht und stoßen bei Gefahr einen pfeifenden Schrei aus, den auch die Gemsen als Warnung verstehen. Den größten Teil des Jahres verbringen sie tief in ihrem Bau im Winterschlaf.
Die auffällige Färbung des **Feuersalamanders** ist eine Warnung für Freßfeinde, denn seine Haut scheidet ein Abwehrgift aus. Beim Menschen ruft es nur auf Schleimhäuten eine leichte Reizung hervor. Als Nachttier verbirgt sich der Feuersalamander tagsüber unter Baumstubben, Steinen und in Löchern. Er wird bei Regen aber auch am Tage aktiv.

Gemse

Murmeltier

Feuersalamander

Der **Tannenhäher** mit den weißen tropfenförmigen Flecken auf dunkelbraunem Gefieder ist ebensogroß wie ein Eichelhäher (s. S. 120). Er bevorzugt Nadelwälder und frißt am liebsten Zirbelkiefer- und Haselnüsse. Auf einem Fels oder einer anderen harten Unterlage meißelt er sie auf.
Die **Ringdrossel** unterscheidet man von der Amsel (s. S. 66) an dem weißen Brustring und dem silbergrauen Flügelrand. Sie besiedelt Knieholzbestände (s. S. 254 Berg-Kiefer) und hoch gelegene Nadelwälder.
An steinigen Bergbächen läßt sich die starengroße **Wasseramsel** gut beobachten. Sie fliegt in raschem und geradlinigem Flug dicht über der Wasseroberfläche, läßt sich auf einem Stein nieder und knickst häufig, wobei ihr weißer Brustlatz aufleuchtet. Dann stürzt sie sich ins Wasser, um am Grunde nach Kleintieren zu suchen.
Die **Gebirgsstelzen** sind besonders zur Zeit der Brut und der Aufzucht ihrer Jungen nicht zu übersehen und zu überhören. Ihre lauten »Si-it«-Warnrufe übertönen noch das Rauschen des Bergbaches. An seinem Ufer suchen sie nach Nahrung.

Tannenhäher

Ringdrossel
♂

Wasseramsel

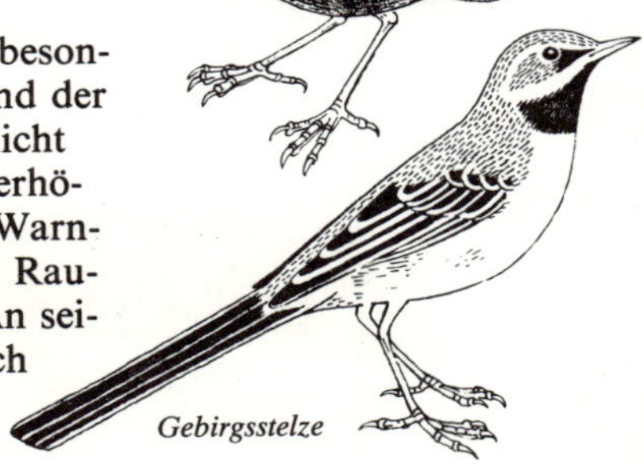

Gebirgsstelze

Die seltenen **Steinadler** brüten in steilen Felswänden hoher Gebirge. Auf der Suche nach Nahrung (im Gebirge Murmeltiere, s. S. 271, sonst auch Hasen und Fasane) streifen sie aber auch weit umher. Im Fluge erkennt man die großen braunen, meist segelnden Greifvögel an den breiten, brettartigen Flügeln und dem kurzen Schwanz. Ihre Flügelspanne beträgt 2,20 m!

Der **Uhu** hält sich tagsüber in Nischen steiler Felswände verborgen. In der Dämmerung aber kann man die große Eule auf dem Flug ins Jagdgebiet sehen. Auffällig sind der dicke, rundliche Kopf und der ruhige Flug mit breiten, abgerundeten Flügeln.

Der **Rabe,** auch Kolkrabe, ist an seinen lauten klangvollen Rufen schon aus weiter Entfernung zu erkennen. In kräftigem, aber sehr gewandtem Flug umkreisen die Vögel oft Felsen oder Berggrate. Zu erkennen sind sie am leicht zugespitzten Schwanz, dem kräftigen Schnabel und dem kleinen Federbart am Kinn.

Steinadler

Uhu

Rabe

Verzeichnis der Pflanzen und Tiere

Das Zeichen ♂ neben einer Abbildung bedeutet Männchen, männlich.
Das Zeichen ♀ neben einer Abbildung bedeutet Weibchen, weiblich.

ISBN 3-358-00982-3

2. Auflage 1987

Lizenz-Nr. 304-270/351/87-(70)
Lichtsatz: INTERDRUCK Graphischer Großbetrieb Leipzig – III/18/97
Reproduktion: Offizin Andersen Nexö, Graphischer Großbetrieb, Leipzig
Druck und buchbinderische Verarbeitung: Messedruck, Leipzig
Einband, Vor- und Nachsatz: Christiane Gottschlich
Biotopdarstellungen: Johannes K. G. Niedlich
Typographie: Armin Wohlgemuth
LSV 7852
Für Leser von 9 Jahren an
Bestell-Nr. 631 537 4
01720

Qualle (Hohltier)

Körper glockenförmig

Muschel (Weichtier)

2 seitliche Kalkschalen

Schnecke (Weichtier)

1 spiralige Kalkschale

Egel (Ringelwurm)

Saugnäpfe vorn und hinten

Regenwurm (Ringelwurm)

gleichmäßig geringelt

Garnele (Krebstier)

mindestens 5 Beinpaare

Tausendfüßer

jedes Körperglied
mit 2 Beinpaaren

Hundertfüßer

jedes Körperglied
nur 1 Beinpaar

Assel (Krebstier)

7 Laufbeinpaare

Krabbe (Krebstier)

5 Beinpaare

Milbe (Spinnentier)

4 Beinpaare

Spinne (Spinnentier)

4 Beinpaare